自閉症児のための
ことばの教室

新発語プログラム

2

発語してから
会話・概念獲得への
32〜60ステップ

［著］石井 聖・羽生裕子

学苑社

はじめに

　大変お待たせを致しました。『新発語プログラム②―発語してから会話・概念獲得への32〜60ステップ』をようやくお届けする運びとなりました。1巻の発行から、2年半が過ぎてしまいました。本書では発語ができるようになってからの、概念学習の進め方（プログラム）を詳しく説明しました。1巻の『新発語プログラム①―無発語から発語までの31ステップ』で、とにかく発語ができるようになりましたが、ことばの意味がよくわかっていない、会話にならない、私たちとの共感にはまだまだ……というレベルからのスタートが2巻です。

　［第三段階］とは、ことばが言えて、書け、聞き取りもでき、日常生活でのカンタンなことは、ことばでコミュニケーションが取れるようになった段階です。2巻の第5章が、それに充てられています。いわゆる高機能自閉症児者（広汎性発達障害児者）とか、アスペルガー症候群といわれる人たちの言語レベルです。概念学習の第一段階から始められ、第三段階まで到達された方々と、メソッドを受けずに、おおむね好き放題に育てられてきたお子さんとは、適応力において雲泥の差があります。概念学習とは、パターン壊し、判断学習、会話のやりとりの練習などなどのプログラムですが、それらを日々数年間に渡り積み重ねたから、適応性（耐性ができている）において、その訓練を受けていないアスペルガー症候群とは格段の差があるのは当然です。

　コロロメソッドを受けて来られた保護者の方々は、よくわかる現象ですが、やっておられない方々にはまずわかりません。そうであっても発語レベルが第三段階におられる方は、本書2巻から始められても構いません。ただ、学習行動自体に抵抗のあるお子さんは、第一段階あるいは第二段階に遡って、訓練プログラムを始めなくては、学習が成り立たないかもしれません。

　［第一段階］とは、発語が無くもちろん文字も書けず、物にはナマエがあるなどとわかっていない、いわゆる無シンボル期です。常同行動や反発反射が頻繁に出てくる段階ですが、そのころからカードマッチングなどの学習行動を通して、簡単な図形や文字らしき形を書けるようにしていきます。これが第一段階ですが、次の［第二段階］は、物にはナマエがある（らしい）ということに気づき始めたレベルです。シンボル期ですが、まだことばの本当の意味や長い語句の意味がわかっているわけではあ

りません。限定された1枚のりんごの絵カードを見て、「リンゴ」と書ける程度のレベルです。ここまでは、主に1巻で述べました。

第三段階を超えた先が［第四段階］で、私たちと同じ内言語領域です。内言語というのも、わかりづらい用語ですが、ことばの持つ複雑な抽象性を理解し、外部刺激が無いところから自分の脳内で考えを作り出せるレベルです。大脳新皮質言語野が階層構造の頂点に立って、下位脳を支配する人間としての高次の活動、というとすごく高度な思考回路のように考えられますが、ごく普通の行動と言語です。相手との対話はもとより、3人以上での会話も可能です。人前で自分の意見を整然と述べることもできます。一方で内言語は自身の内部で精神的葛藤も生じますから、身体精神症状をきたすこともあります。また、催眠術にかけられたり、夢遊病状態になったり、自分では意識できない言語と行動を行なう場合があることも知られています。すでに絶版となりましたが、前著『自閉症児［言語認知障害児］の発語プログラム―無発語からの33ステップ』にそのあたりの発生機序を詳しく述べました。ところが、メソッドによる概念学習をやっておられない方（特に特別支援学校の先生方）には何を言われているのかよくわからない、との感想を寄せられることが多かったものですから、本書ではあえて内言語領域についての記述は、深入りしないように心がけました。

もう一つ2巻のカバーを見て、お気づきの読者もおられることと思います。本巻は、私石井聖と羽生裕子との共著となっていることです。特に第5章は、全面的に彼女の筆に委ねました。実を言うと、前著『自閉症児［言語認知障害児］の発語プログラム―無発語からの33ステップ』の執筆時から、実質的には共著でした。国立大学で特殊教育の専門過程を学んできただけあって、生意気な新入社員でした。「自閉症の本態」を前に彼女の中の頑固さに、私はずいぶん手を焼かされ、激昂した議論も交わしたものでした。その彼女が結婚もし、二児の母となり、ようやくその理解度は「自閉症の本態」に近づいて来たと感じられる昨今です。現在、コロログループという団体の中で支援部門のトップとして、療育現場に立つ傍ら、執筆活動や機関誌の編集を手がけ、また各地の講演要請に応じ、大学の臨時講師としても活躍しています。もちろん主婦としての務めをおろそかにしているわけではありません。コロログループの中枢部に居て、八面六臂の活躍をしていられるのは、大君の最大級の埋解があってのことを、申し添えないわけにはいきません。

最後に読者に紹介しておきたいことがあります。コロロの講演会に度々登場して頂

いているMT（お母さん先生）として有名な原田美雪さんのことばです。

「うちの子は自閉症状（問題行動）花盛り期から概念学習を始めて第三段階の終わりまで来ました。情緒的感情を親と共感できつつあるようにもなりました。定型発達の３歳のころのようです。この機会にもう一度第三段階の学習を最初からやり直してみようと考えていました。そんな折、『新発語プログラム②—発語してから会話・概念獲得への32〜60ステップ』が刊行されると聞き、ラッキーと喜びました。保護者の中には私と同じ思いの方が大勢おられると思います。またコロロの会員でない方々でも、第三段階のレベルにおられる方はとても多いと思われます。この機会に本書を手引書として使用されることをお薦め致します。高機能自閉症児童が引き起こす問題行動の改善に必ずや、役立つことと信じます。」

石井　聖

目次

はじめに　1

第4章　会話に向けての学習ステップ　ステップ32〜42 ……………… 7

- ステップ32　判断学習　8
- ステップ33　長い単語（ことば）の読み書き　12
- ステップ34　主語の入った文を書く（主語＋述語）　14
- ステップ35　質問文（関係概念の入り口）　16
- ステップ36　文章題（計算問題）　34
- ステップ37　音　読　37
- ステップ38　自発語の誕生　39
- ステップ39　会話パターン　41
  - お母さんの実戦報告　46
- ステップ40　歌を歌う　51
- ステップ41　絵を描く　54
- ステップ42　絵日記を書く　56

第5章　いよいよ概念の海へ――船出し、潜水し、他国の岸に浮き上がろう――
ステップ43〜60 ……………… 61

- ステップ43　名詞の語彙を増やす　62
- ステップ44　より抽象的な名詞の理解Ⅰ　方向を表すことば：位置関係と空間把握　65
- ステップ45　より抽象的な名詞の理解Ⅱ　気象を表すことば：環境の変化への注目と身体の感覚　70
- ステップ46　より抽象的な名詞の理解Ⅲ　時を表すことば：時間・日付　73
- ステップ47　上位概念の理解　89
- ステップ48　物事の説明　複数の要素を挙げて説明する（1対1対応からの脱却）　91
- ステップ49　動詞の語彙を増やし、ボディイメージを高める　95
  - お母さんの実践報告　97

ステップ50	自分の行動の記憶と言語化 103
ステップ51	形容詞、形容動詞、副詞の語彙を増やし、表現力を高める 108
ステップ52	因果関係と理由説明、問題解決　パターン認識から順序立てた思考・接続詞の使用 113
ステップ53	感覚・感情を表すことばと情緒の発達 122
ステップ54	疑問詞（５Ｗ１Ｈ）の理解と作文、文章読解 128
ステップ55	二者〜三者関係の理解 130
ステップ56	立場に応じたことばの使用・会話 136
ステップ57	問題解決 141
ステップ58	お金と買い物 146
ステップ59	道徳的判断と自己抑制／常識・マナー・規則 154
ステップ60	たとえのことば、隠れたことば（比喩／暗喩）、ことばの推理 162

第6章　内言語への道 ……………………………………………………………165

1　米大学院で博士号を取得した超高機能者たちがなぜ発達障害なのか　165

2　概観『新発語プログラム』第１巻、第２巻と人類進化の過程　172

3　高機能レベル（メソッド第三段階）を超え内言語域（メソッド第四段階）へ　176

おわりに　186

コラム12　１時間の自習態勢を　86
コラム13　パターン認識　118
コラム14　日常的に頭を使う訓練を　144

自閉症児のためのことばの教室
新発語プログラム①——無発語から発語までの31ステップ

目次

第1章　始めるに当たって用意するもの—教具類と心構えについて—
第2章　発語ステップ31
　ステップ1　同型マッチング
　ステップ2　線を引く
　ステップ3　動作模写
　ステップ4　定位模写
　ステップ5　歩行・集団歩行
　ステップ6　集会（リズム）
　ステップ7　行動トレーニング
　ステップ8　異型マッチング（絵と字のマッチング）
　ステップ9　短期記憶模写
　ステップ10　書字1枚（短期記憶書字）
　ステップ11　書字の書き分け
　ステップ12　書字枚数を増やす
　ステップ13　模写の意味がわかる
　ステップ14　（初めて）聴覚刺激を加える
　ステップ15　口型模倣
　ステップ16　内発音の獲得
　ステップ17　文字の矯正（きたない字をどうするのか？）
　ステップ18　聴覚語の獲得
　ステップ19　聞き取り・聞き書き
　ステップ20　カード（文字）＋口形＋音声模倣
　ステップ21　音声模倣
　ステップ22　自習ができる（書字100枚）
　ステップ23　数
　ステップ24　動作語の書字
　ステップ25　属性の書字（色＋物＋数）
　ステップ26　絵カードを見て発語
　ステップ27　文字カードを見て発語
　ステップ28　ことばの模倣
　ステップ29　動作語模倣
　ステップ30　いろいろな人の声と自分の音声のマッチング
　ステップ31　発音矯正
第3章　発語プログラムの道筋—ステップの概要—

第4章

会話に向けての学習ステップ
ステップ32〜42

　「新発語プログラム」は、1巻（2014年9月発行）と2巻（本書）からなっています。1巻では発語のない子が文字学習を通して発語するまでの「発語ステップ31」をまとめました。2巻に当たる本書では、ことばが話せるようになってからの学習課題について、主に会話が成立するまでを重点的にスモールステップ化し、自分の頭で考えられるようになるプロセスをまとめてあります。さらに、アスペルガー症候群・高機能自閉症者への対応と学習課題についても付記しました。

　まず、第1章では、これまでの学習で名詞や二語文（動作文）の読み書きができるようになった子どもが、ことばを使ったやりとり、会話の初歩を学習するまでのステップをとりあげます。

　ことばが出て、文字が読めるようになっても、「気が向いたときしか話さない」「質問に答えられない」「エコラリアになってしまう」「一方的なおしゃべりやひとりごとが多く、会話に発展しない」というようなことがよく見られます。

　まずは、こう聞かれたら、こう答える、というやりとりの基本形を教え、エコラリアにならない応答パターンを形成していきます。その際に、文字を使用することが大変効果的です。目で見て、「聞かれたこと」と「答えること」を整理できるからです。話ができるからといって音声言語を多用しないことが、学習を進めるコツなのです。苦労して獲得してきた文字を手がかりとして、会話のためのことばの使用へと、ステップを進めましょう。

ステップ32　判断学習	ステップ38　自発語の誕生
ステップ33　長い単語（ことば）の読み書き	ステップ39　会話パターン
ステップ34　主語の入った文を書く（主語＋述語）	ステップ40　歌を歌う
ステップ35　質問文（関係概念の入り口）	ステップ41　絵を描く
ステップ36　文章題（計算問題）	ステップ42　絵日記を書く
ステップ37　音読	

ステップ32 判断学習

　1巻（ステップ31まで）では、名詞や動作文の書字など、絵を見て決まった単語（文）を書く学習を進めてきました。これらの学習では、正しいものしか見せないで、正しい反応を繰り返させ間違わせないようにしてきました。対になるもの（正しい反応）をひたすら覚えこませてきたのです。ですから、🍊を見たら「みかん」という文字（ことば）が条件反射的に出てくるようになっています。

　本ステップでは、正しいものも間違ったものも見せて、正しいか間違いなのかを判断させる課題に入ります。🍊＝みかんは○ですが、🍎＝みかんは×だという表現ができるようにするのです。1対1対応の覚えこみ（パターニング）から、「ことばで判断する」という課題に入るのです。

　これまでの物には名前がある（🍊＝みかん）という単純な理解が、🍊＝みかんであり同時にりんごではない、ぶどうではない、くだものであり、動物ではない……というようにより高度な概念になっていきます。

　会話においては、🍊「これはりんご？」→「みかん！」と必ず答えてしまう（質問が「これはりんご？」であってもなくても関係ない）段階から、×（NO）を表す「ちがう」「いいえ」ということばが使えるようになり、やりとりの幅が広がります。これは、条件反射ではなく、頭の中にいったんことばをとどめて判断するという過程を踏まなくてはできない課題です。

　今後、問題文をきちんと読み取って（聞き取って）判断する（頭の中でことばで考える）という課題に入っていくためにも大切な学習ステップです。

判断学習の方法

1) 二者択一の問題
① 正しい方をまるで囲む

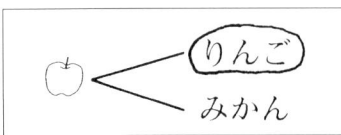

② 3択でもできる
③ 間違ったものに×をつける

　○を必ず最初につけている場合は、○ではないものが×だという判断にすぎないので、次の○×の判断（選択方式でないもの）ができない。

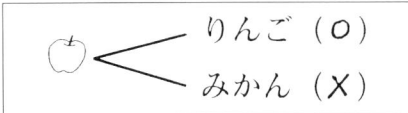

2) ○×の理解

誤った組み合わせ＝×を教える。

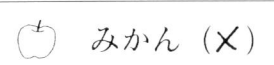

3) はい、いいえに置き換える

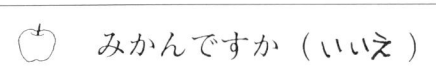

4) 文でもできる

りんごはくだものですか（はい　そうです）

ばすはどうぶつですか（いいえ　のりものです）

5) 口頭でもできる

「りんごはのりものですか」　答「いいえ　くだものです」

「ばすはのりものですか」　答「はい　そうです」

うまくできないときには

○×を理解させるのは思いのほか難しいものです。できないときには、教え方を工夫しましょう。

1) 線つなぎを使った方法

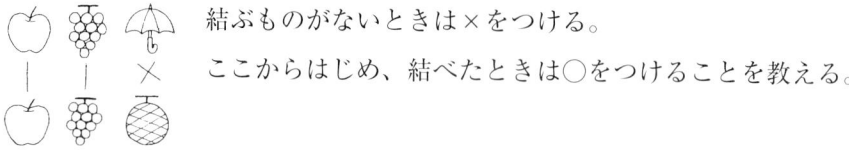
結ぶものがないときは×をつける。
ここからはじめ、結べたときは○をつけることを教える。

2) 二者択一からスモールステップを踏む方法

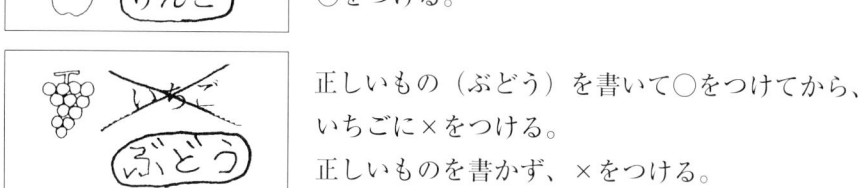
○をつける。

正しいもの（ぶどう）を書いて○をつけてから、いちごに×をつける。
正しいものを書かず、×をつける。

3)「〜じゃない」＝ ×（いいえ）を教える方法

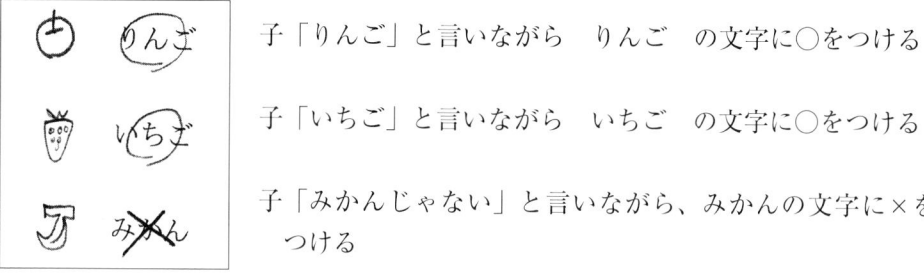
子「りんご」と言いながら　りんご　の文字に○をつける

子「いちご」と言いながら　いちご　の文字に○をつける

子「みかんじゃない」と言いながら、みかんの文字に×をつける

答え合わせをする要領で、○をつけていきます。「みかんじゃない」と言えても○をつけてしまうことがありますから、言った直後に×を書かせるよう促すことで、「〜じゃない」＝×　という符号で表すことをパターニングします。

4) まったくことばを使わず淡々とモデルを見せる方法

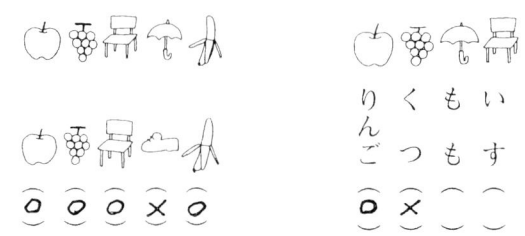

絵を見て「ぶどう」と言わせてしまうとそれで完結してしまい、下に「くつ」と書いてあっても○を書いてしまうことがあります。あえて口に出させずに目で見て絵と字を見比べさせた方が×（ちがう）ということがわかることがあります。

5）　カードマッチングを使う方法

　もうやらなくなってしまった同型カードマッチングをやってみましょう。最後の1枚は、わざと手本と違うカードを渡します。この場合、手本と「ちがう」「ない」と言える子には言わせ、言えなくても手持ちカードを机上に置かずに、先生に返します。間違っている、ということを表現する行動を教えます。以上の課題は、数の学習のころにやってみてもよいでしょう。「ちがう」ということを教える前段階になるからです。

　それができていたら、本ステップでは、選択肢5枚中、2枚ほど間違いカードを渡してみてください。

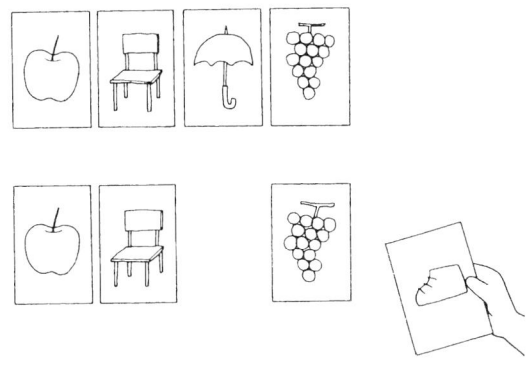

　異形マッチングも文字がしっかり読み取れているようでしたら、同じ要領でやってみます。

　この段階になると、カードマッチングなどは、机上のカードを1枚1枚確認することなくパッパッと瞬間的にできるようになってしまいました。間違わせないようにとの配慮も加わり、超速行動を許してしまったからなのですが、いくつかある選択肢の中から瞬時に正解を当てられるというのは、非言語中枢（右脳）の働きです。ところが、間違いカードがある（かもしれない）ということになると、子どもはいちいち手本と手渡されたカードを照合・確認しなければなりません。このような合理的理論的証明手続き行為というのは、まさに左脳言語回路の働きに他ならないのです。

ステップ33 長い単語（ことば）の読み書き

　1巻のステップ24で動作語（二語文）の読み書きを学習していますが、いまだ、文字の読み方は一音ずつの拾い読みであり、初めてみる単語や文をスムーズに読んで意味を理解することは、まだまだ難しい状態です。また、他者が言ったことばを聞き取ることも同様です。本ステップでは長い単語を①読むこと、②聞き取って書く（聞きがき）ことを練習し、読み書きの力をのばしていきます。

長い単語の読み書き

1）絵と字のマッチング

　きゅうきゅうしゃ、しんかんせんなどの5文字以上の長い単語の絵カードと字カードを作成し、絵と字のマッチングを行ないます。

　特に拗音（ゃ／ゅ／ょ）、濁音（ ゛ ）、半濁音（ ゜ ）、促音（っ）、撥音（ん）が入る単語の読みは難しいものです。文字を指しながら読むように教えてもよいでしょう。

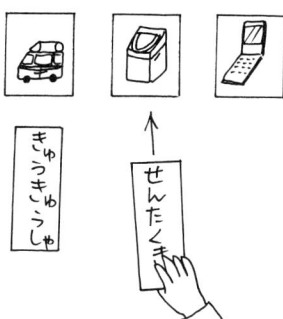

語句の例

れいぞうこ	きゅうきゅうしゃ	しゅうぎょうしき
すいはんき	しょうぼうじどうしゃ	にゅうがくしき
しんかんせん	ちょうとっきゅう	そつぎょうしき
ざいらいせん	しんけいすいじゃく	しぎょうしき
しんかいそく	ちょうりじっしゅう	ひなんくんれん
かくえきていしゃ	しょくいんしつ	人の名前
あおもりえき	おんがくしつ	など
にいがたえき	こうちょうしつ	
しんおおさかえき	きゅうしょくとうばん	
すみよしえき	らじおたいそう	
ありまおんせんぐち	にゅうじょうこうしん	
せんたくき	ほくりくしんかんせん	
けいこうとう	とうかいどうしんかんせん	
けいたいでんわ	ほっかいどうしんかんせん	

2) 漢字（絵カードを見て字を書く）

マッチングできたものは、絵を見て正しく書けるように練習しましょう。

3) 字カードの読み

単語帳のように束ねて、繰り返し読みを練習しましょう。

ステップ33　長い単語（ことば）の読み書き

ステップ 34 主語の入った文を書く（主語＋述語）

　この段階では、主語の入った文を読み書きができるように練習します。ただし、主語＋述語という構文を理解させるのではなく、ステップ33の「しんかんせん」などと同様に、「長い物の名前を書く」というふうに教えてください。

動作絵を見て文を書く、言う

　動作絵を見て主語の入った文を書く練習をしましょう。「主語（女の子）＋動詞（泣く）」ではなく、「女の子が泣く」という8文字の名前として、一気に覚えさせてください。「女の子」「おじいさん」など、主語が絵で見てわかりやすいように描いてあげると、続く動詞がつながってでてきます。書くことができたら、口頭でも一気に言えるようにしましょう。

おんなのこがないています

おじいさんがあるいています

おとこのこがてをあげています

　主語というのは、自分の存在が意識化できたうえで、相手、第三者の存在が、自分と同じ人格として、意識的に理解できるということです。それには自我が確立された段階でなければ、人称理解はできないということです。

　自我確立以前では、他者を見て、自分ではないという感覚はつかめますが、あくまで自分でない他者の存在（映像）を目のあたりにしたときの感覚です。ですから、下の絵をみたとき、本人が女の子であれば、自分のことと思ってしまいます、自分のことを＝女の子という意識さえ希薄で、ただ何となくです。

　自我確立の少し前の段階、定型発達では3歳の誕生日頃、自我の萌芽期ですが、この頃になると、ようやく第1人称、2人称、3人称の関係が、うっすらですが見えてきます。定型発達では、あっという間に5歳（自我の獲得と確立）が来てしまいますが、発達障害児の場合、萌芽期に至るのも稀で、ほとんどは、確立以前のまま、一生を過ごしてしまいます。自我確立未満の状態では、どういう反応を示すかというと、存在は自分しか意識できませんから、自己主張は強烈になります。他者の存在は、見えても物体としかみえません。そこは快か不快の2分別の世界しかありません。

　自分の痛みや喜びも、相手にも同じように存在するということがわかったとき、相手の気持ちを察するようになりますから、自己主張はやわらぎます。自我の獲得とは、そういう第2人称、3人称関係を指して言います。

　このような発達過程を、本書第2章を読み進め（ステップを昇りつめ）るにつれ、読者は理解されることができると思います。

ステップ35 質問文（関係概念の入り口）

　ここからは、🍎は、色は赤で、分類名は果物で、八百屋に売っていて、木になるもので、皮をむいて食べ、甘酸っぱい味がする、というような数々の属性を理解させていくという、果てしない概念学習の入り口に立ちます。りんごのイメージがあり、日本語の文法体系を知っていれば、いかように聞かれてもわかることですが、自閉症児はそのイメージがないか、あっても大変希薄であり、同時に質問の意味がわからないために答えることができないという、二重の難しさがあります。そこで、この質問にはこう答えるという、質問パターンを一つひとつ教えていくことで、答えられる質問を増やし、その膨大な積み重ねが逆にイメージを明確にしていくというように、経験的に私たちは考えています。

　ここでの学習のポイントは、次の3点です。

1. エコラリアにならない口頭やりとりパターンの形成
2. 文字を使った質問パターンのパターニングとパターン崩し
   （分類、物の用途、場所と目的、因果関係など）。
3. ことばの数を増やすこと（名詞・動詞・形容詞・形容動詞・副詞・助詞・助動詞・疑問詞を網羅する）

1　エコラリアにならない口頭やりとりパターンの形成

1）エコラリアをさせない

　これまでの発語ステップでは、相手が言ったことを繰り返すか、あるいは絵を見て命名するか、ということに限られていました。ここからは、相手の質問に応じた答えができるようにしていきます。つまり、同じ車を見ても、「これなあに？」と聞かれたときと、「何をするもの？」と聞かれたときは答えが違う、ということに気づかせていくということです。

　この段階では大変エコラリアが強いですから、ごく簡単な問いかけでよいので、エコラリアではない違うことばで答えられる質問パターンを作っていきます。

2）　基本的な方法

① 「いぬは？」➡「わんわん」を教える場合

・失敗パターン：「いぬは」➡「いぬは！」（エコラリア）

・成功パターン：Q「いぬは　わんわん」➡A「わんわん」
　　　　　　　　Q「いぬはわ」　　　　　➡A「わんわん」
　　　　　　　　Q「いぬは」　　　　　　➡A「わんわん」

最初は、Qの「わんわん」を強調して言い、エコラリアに近い形で答えさせる。徐々に答の1音のみヒントに出す。何もヒントを出さないと……、というように進めていく。

② 音声でエコラリアが強いときには文字を使うとわかりやすい

文字カードを机の上に置いておきます。お母さんの方には質問文、子の方には答えのカードを置きます。お母さんが「いぬは？」と言ったらエコラリアをさせず、子の方に置いたカードを読ませます。

裏面に答を書いておいてもよいでしょう

表　| いってらっしゃい |

裏　| いってきます |

③ 音声でできるものは筆記でも答えられるようにする

| からすは　かあかあ |
| いぬは |
| ねこは |

3）　簡単な質問パターンの例

① 身近なことがらの質問
  ・「お名前は？」(「あなたのなまえは？」「おかあさんのなまえは？」「おとうさんのなまえは？」「せんせいのなまえは？」)
  ・「なんさい？」
  ・「なんねんせい？」
  ・「なにしょうがっこう？」
② 動物の鳴き声
  ・「いぬは？」➡「わんわん」
  ・「ねこは？」➡「にゃあにゃあ」
  ・「うしは？」➡「もうもう」
  ・「ぶたは？」➡「ぶうぶう」
③ 色
  ・「りんごは？」➡「あか」
  ・「ばななは？」➡「きいろ」
  ・「きゅうりは？」➡「みどり」
  ・「ぶどうは？」➡「むらさき」
④ 数
  ・「めはなんこ？」➡「2こ」
  ・「はなはなんこ？」➡「1こ」
  ・「ゆびはなんぼん？」➡「10本」
  ・「あしはなんぼん？」➡「2本」
⑤ あいさつ
  ・「あさのごあいさつは？」➡「おはよう」
  ・「ごはんのときは？」➡「いただきます」
  ・「かえりのあいさつは？」➡「さようなら」
  ・「ねるときは？」➡「おやすみ」

2　質問パターンのパターニングとパターン崩し

　物事の関係概念を理解させる学習です。この質問にはこう答える、という基本形を、一つひとつ教え込んでいきます。

1）基本の方法
① 本人にとってわかりやすいものから始める。

② 1つの質問文パターンにつき、10〜20問の問題が解けるようにする。

例えば、「〜はなにをするもの？」というタイプの質問に対して10〜20種の物について答えることができる（パターニング）。

・「はさみはなにをするもの？」➡「かみをきるもの」
・「えんぴつはなにをするもの？」➡「じをかくもの」
・「くつはなにをするもの？」➡「あしにはくもの」
・「こっぷはなにをするもの？」➡「みずをのむもの」

③ 質問の形が変わってもできる（パターンくずし）。

・「みずのむものはなんですか？」➡「こっぷです」

④ これまで獲得していた質問文パターンと答え分けができる。

🥛を見て、

・「これはなんですか？」➡「こっぷです」
・「なにいろですか？」➡「あかです」
・「なにをするものですか？」➡「水をのむものです」

このように学習はパターニングとパターン崩しから成り立ちます。少なくとも3パターンぐらいのパターン崩しができないと、概念化には結びつきません。

2）パターニングとパターン崩し

① パターン崩しの方法と出題例（21ページの図と表を参照）
② 教えたい質問文パターン

教えたい質問文パターンは無限にあります。22〜24ページに概要を示しました。別著『自閉症児のことばの学習』（コロロ発達療育センター）におおまかにまとめてありますが、次にアウトラインを同書より転載しておきます。

一つの課題は長くても2〜3ヵ月くらいで達成できる目標を立てて学習します。それ以上やっても進展がない場合は、見直しが必要です。同時にいくつもの課題をやりすぎると混乱します。重点課題はことばの課題、数の課題各1個ずつくらいにしておいた方がよいでしょう。

新しい課題に取り組むと古い課題は忘れてしまいますが、それでもよいので新しい課題できちんと頭を使わせることが大切です。行動（運動）する前に何をするべきか、何を言う（書く）べきか、少しことばで考える、頭を使う習慣をつけることが学習のねらいなのです。忘れてしまったものは復習すれば、最初に覚えたときより楽に思い出せます。

各課題の内容や進め方の詳細は、同書を参照してください。

3）わかりやすい質問パターン

① 分類
- 「いぬは？」➡「どうぶつ」
- 「でんしゃは？」➡「のりもの」
- 「とまとは？」➡「やさい」
- 「くだものは？」➡「りんご」「もも」「ばなな」
- 「どうぶつは？」➡「いぬ」「ねこ」「ぞう」
- 「バスはなんのなかま？」➡「のりもの」

② 体の部位

イラストを指さしして、ここはなあに？
実物での命名「ここは？」

③ 物の用途
- 「あめのときさすものは？」➡「かさ」
- 「みずをのむものは？」➡「こっぷ」
- 「かさはなにをするものですか？」➡
  「あめのときさすものです」
- 「こっぷはなにをするものですか？」➡
  「みずをのむものです」

体の部位

④ 場所と目的
- 「おふろはなにをするところですか？」➡
  「からだをあらうところです」
- 「げんかんはなにをするところですか？」➡「くつをはくところです」
- 「からだをあらうところはどこですか？」➡「おふろ」

⑤ 人と職業
- 「おいしゃさんはなにをするひとですか？」➡「びょうきをなおすひとです」
- 「りょうりをつくるひとは？」➡「こっくさん」

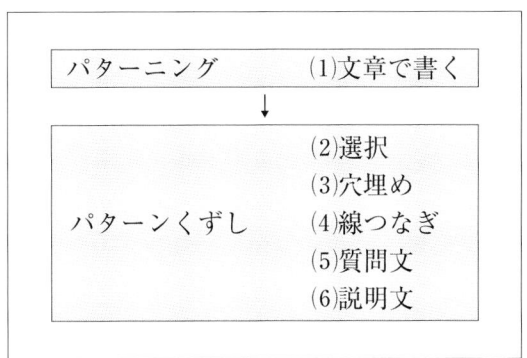

学習の流れ

指導方法と出題例（物の用途「はさみ」の場合）

基本的な指導方法	出題例
(1)文章で書く	①「はさみはかみをきるものです」 ※文字を書くのが苦手な場合は、カードのマッチングから入ってもよい。 　　はさみは　　かみをきるものです ②単語帳形式で、一方を見ないで書く
(2)選択	はさみは ─── じをかく 　　　　　　　（かみをきる） 　　　　　　　かみをはる
(3)穴埋め	はさみは（　　　　　） （　　　　　）かみをきるものです かみをきるものは（　　　）です （　　　　　）はさみです
(4)線つなぎ	はさみ　　　　あめのときさすもの かさ　　　　　じをかくもの えんぴつ　　　かみをきるもの
(5)質問文 　1 筆記 　2 口頭	はさみはなにをするものですか。（　　　　　） かみをきるものはなんですか。（　　　　　）
(6)説明文	はさみについて説明しましょう。 （　　　　　　　　　） （　　　　　　　　　）

ステップ35　質問文（関係概念の入り口）

第3段階概念学習一覧表(1)

基本課題	第2段階	第3段階 ステージ1	第3段階 ステージ2	第3段階 ステージ3	第4段階	特別課題
Ⅰ ことば						
1 なまえのことば(名詞) ①普通名詞	←──────────────────→					
	←──────────────			──────→	体の部位	
	←────────────────────────→				分類学習	
			←──────→		抽象名詞	
			←──────→		しりとり	
			←──────→		絵	
			←──────→		方向(左右・上下・前後・東西南北)	
			←──────→		文を読んで絵をかく	
			←──────→		間取り図	
				←──→	地図の見方・描き方	
			←──────→		日付・きのうきょうあした	
			←──────→		気象の命名(天気・天候)	
		←────────────────→			物の用途	
			←──────→		物の説明	
			←──────→		場所と目的	
			←──────→		職業の説明	
			←──────→		季節の問題・行事	
			←──────→		表記(ひらがな・カタカナ・漢字)	
②固有名詞		←──────────→				
③数詞		←──────────→				
④人称代名詞		←──────────→				
⑤支持代名詞			←──────→			
2 うごきのことば(動詞)	←────			────→		
			←──────→		単語短文の読み取り	
			←──────→		5W1H	
			←──────→		文章読解	
		←────────────→			文作成	
			←──────→		作文・日記	
3 かざることば A(形容詞) (①感覚 ②比較 ③感情 ④様子)		←──────→				
		←────────────→			反対語	

第4章　会話に向けての学習ステップ

第3段階概念学習一覧表(2)

基本課題	第2段階	第3段階 ステージ1	第3段階 ステージ2	第3段階 ステージ3	第4段階	特別課題
4 かざることばB(形容動詞) ①感情②性格・性質③様子		←──┼───┼───→				
5 つなぎのことばA(助詞) ①格助詞②接続助詞 ③副助詞④終助詞	←----┼───┼───┼───┼----→					
6 つなぎのことばB(接続詞) ①順接②逆説③並立・累加 ④対比・選択⑤転換⑥説明		←──┼───┼───→				
7 ようすのことば(副詞) ①状態②程度③並べ方(陳述)		←──┼───┼───┼----→			
			←───┼───┼───→		物の順番
			←───┼───┼───→		因果関係と理由説明
8 くらしのことば①あいさつ		←──┼───┼───┼───→		
②応答		←──┼───┼───┼───→		
③呼びかけ・かけ声・感嘆				←───┼───→		
						「はい」と「いいえ」
		←───┼───→			やりとり学習
			←───┼───┼───→		会話・台詞
			←───┼───┼───→		報告・伝言
			←───┼───┼───→		電話の受け答え
	←----┼───┼───┼───┼----→					発音矯正
			←───┼───┼───→		イントネーションの練習
9 しっぽのことば(助動詞) ①丁寧 ②過去・完了・存続 ③意志・勧誘・推量 ④受け身・尊敬・自発・可能 ⑤希望 ⑥否定 ⑦依頼・勧誘 ⑧使役 ⑨伝聞・推定・様態 ⑩推定・例示・たとえ ⑪否定の推量		←──┼───┼───┼───→		
			←───┼───┼───→		丁寧語・敬語
			←───┼───┼───→		受動・能動
				←───┼───→		過去・現在・未来
10 たとえのことば・かくれたことば				←───┼───→		

ステップ35　質問文（関係概念の入り口）

第3段階概念学習一覧表(3)

基本課題	第2段階	第3段階 ステージ1	第3段階 ステージ2	第3段階 ステージ3	第4段階	(特別課題)
Ⅱ　かず						
1　数列	←----→					
2　計算	←--------------→					
3　位どり			←----------→			
4　文章題		←--------------→				
5　～番目		←----------------------→				
6　数の大小		←----------→				
7　時計(時刻と時間)①時刻				←----→		
②時間					←----→	
8　単位の変換			←----→			
9　数の推理				←----→		
10　長さ広さ重さかさ				←----→		
11　お金と買い物①お金				←----→		
②かいもの			←----------→			
12　図形の名称		←----→				
13　道具		←--------------→				
Ⅲ　きもち						
情緒			←----→			
Ⅳ　行動						
			←--------------→			問題解決
			←--------------→			二者～三者関係
				←----------→		道徳的判断
	←----------------------------→					頭を使う学習
	←----------------------------→					自習

第4章　会話に向けての学習ステップ

3　ことばを増やすこと

1）　語彙を増やす

以上のようにやりとりパターンを増やす一方で、語彙を増やしていくことも、概念学習における重要な課題です。同書では、教えたいことばをリストアップしてあります。

2）　品詞を増やす

2語文が増え、名詞や動詞が増えてきたら、形容詞や形容動詞、副詞など、より抽象的なことばを学習します。また、助詞や助動詞の使い方も一つひとつ教えます。

> 形容詞
> 大きいものを3つ書きましょう（ぞう）（くま）（きょうりゅう）
> つめたいものを3つ書きましょう（あいす）（こおり）（かきごおり）
> 副詞
> ごしごしを使って文を作りましょう（てをごしごしあらう）
> くるくるを使って文を作りましょう（こまがくるくるまわる）
> さっぱりを使って文を作りましょう（おふろにはいってさっぱりする）

膨大な量のことばの学習が始まります。一つひとつの課題の進め方は、『自閉症児のことばの学習』にまとめてあります。しかし、そこに書いてあるステップも、一人ひとりに合わせさらに細分化していく必要があります。諦めず、根気よく、学習を続けることが大切です。

3）　疑問詞の理解

ことばが増えてきても会話ができない原因のひとつに、疑問詞の意味がわからないということが挙げられます。いつ、どこ、だれ、なにを、どうした、どうやって、なぜ、どのように、などのことばが、何を指しているのかということがわからないのです。まず、基本の3W（いつ、どこ、だれ）を学習します。

4　質問に答える

1)　5W1H

「だれ」の質問には人を答える、「どこ」の質問には場所を答える、「いつ」の質問にはときを表すことばを答えるということをまず教えます。まずは、これらのことばをきちんと読み取り（聞き取り）、それに対応した答えを選択するという、会話の基本を覚えることを狙います。

【出題例】

① いつ、どこ、だれ　をかきましょう

<u>今日</u>　<u>ぼくは</u>　<u>学校で</u>　<u>勉強した</u>。
（いつ）（だれ）（どこ）（なにをした）

いつ、どこ、だれの区別が難しい場合は、カードをマッチングさせることから練習してもよいでしょう。

いつ、どこ、だれ、それぞれ3～5個のことばをカードにして、「いつ」「どこ」「だれ」に分けられるようにします。

さらに、おかあさん（だれ）、だれ（おかあさん）（おとうさん）（ぼく）などと書き出せるように練習します。これができたら、1文の読み取りへと進めます。

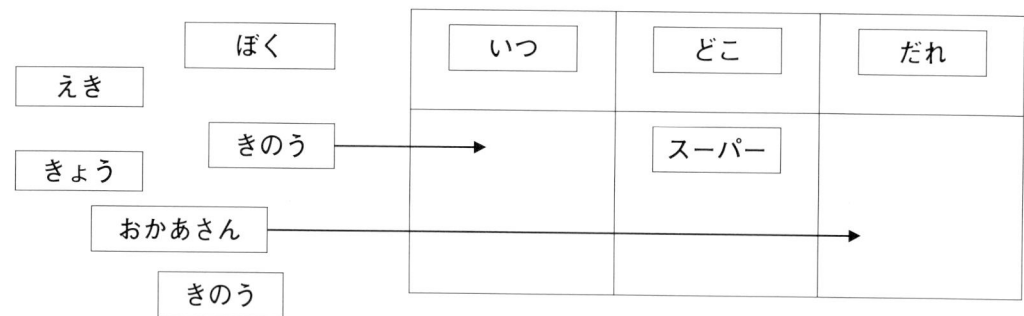

② 文を読んで答えましょう。

　昨日、お母さんはスーパーで野菜を買いました。

　　いつですか（きのう）　　　　→野菜を買ったのはいつですか（きのう）
　　だれですか（おかあさん）　　→だれが買いましたか（おかあさん）

このように、長い質問文でも答えられるようにステップアップします。

③　2〜3文の読み取り

【出題例】

> 秋に　家族3人で山のぼりに行きました。
> お母さんが　おにぎりを作ってくれました。
> 山のちょうじょうでお父さんが写真をとりました。
> たくさん歩いたので　僕は足が痛くなりました。

どこへ行きましたか。　　　　　　　　　（　　　　　　　　　　　　）
おにぎりを作ったのはだれですか。　　　（　　　　　　　　　　　　）
お父さんは何をしましたか。　　　　　　（　　　　　　　　　　　　）
山のぼりにはいつ行きましたか。　　　　（　　　　　　　　　　　　）
足が痛くなったのはだれですか。　　　　（　　　　　　　　　　　　）
どこで写真をとりましたか。　　　　　　（　　　　　　　　　　　　）

　1文の読み取りができたら、2文、さらに3文と増やして文章の読み取りができるようにしていきます。最初は疑問詞や、ヒントになることばに赤線を引いておくなど、読み取るためにどこを見たらよいかをわかりやすくしておくとよいでしょう。
　また、なるべく身近な内容の文章の方が読み取りやすいものです。市販の文章読解の問題集などでは、動物や静物が主人公になっていたり、昔話などで設定がわかりにくくイメージしづらいこともあります。学習の初期は、本人のイメージしやすい問題を選んで使用するか、実体験に近い文章を手作りすることをお勧めします。

④　絵や写真を見て質問に答える

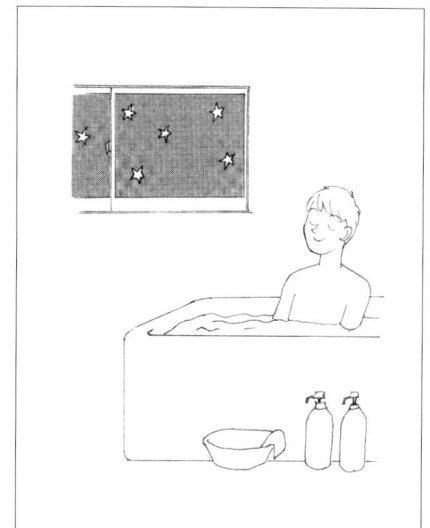

だれが　おふろに入っていますか。
（　　　　　　　　　　　　　　）
何をしていますか。
（　　　　　　　　　　　　　　）
いつ　おふろに入っていますか。
（　　　　　　　　　　　　　　）
・いつ、だれが、どこで、なにをしていますか。絵をみて文を作りましょう。
_____
_____

　文章の読み取りよりも、絵や写真を見て答える方がわかりやすいお子さんもいます。逆に、文に書いてあることなら答えられるけれど、絵や写真を見ただけでは答えられないお子さんもいます。得意なパターンから始め、最終的にはどちらでもできるようになるとよいです。

　絵や写真は、いつ、どこ、だれ、何をしているの要素がわかりやすいものを選びましょう。できれば学習用に本人が行動している場面を写真に撮り、それを見て質問に答えることを練習するとよいでしょう。また、この写真を見ながら「夕方、お母さんが、台所でにんじんの皮をむいています」「朝、僕が、洗面所で顔を洗っています」などのいつ・どこ・だれの要素の入った文を作成することも練習しましょう。

2）　因果関係と理由説明

　「いつ」「どこ」などの質問に比べ、「どうして」と理由をたずねる質問が、苦手な子どもは多いと思います。

　理由を説明するためには、その原因となる状況を説明できなければなりません。しかし、目の前の状況をことばで表すことができるようになっても、その原因を推し測ることは難しいものです。理由を答えられるようになるために、まず、物事には原因→結果という関係性があるのだということが理解できるように、因果関係の学習を行ないましょう。そして原因と結果の関係がイメージできるようになったら、理由説明ができるように学習を進めていきます。

絵カードを見て文章を書きましょう

　文章だけでは結びつかない場合、絵を使うことで、よりイメージしやすくなります。原因と結果のそれぞれの絵が何を表しているか書いていきましょう。

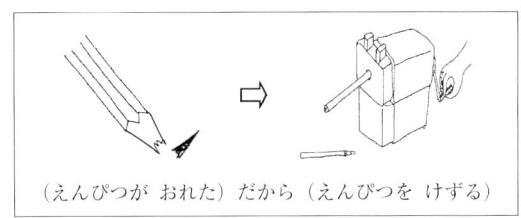
（えんぴつが おれた）だから（えんぴつを けずる）

　次に、「だから」という接続詞でつなぐことで、「原因がある。だから結果がこうなる」という文章の表現を覚えていきましょう。

　生活に即した因果関係を30パターン覚えることを目標に教えていきましょう。

（あめが ふった） だから （かさを さす）

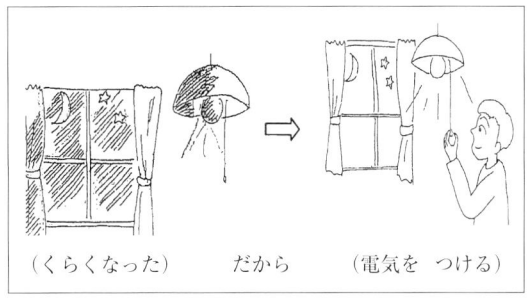
（くらくなった）　だから　（電気を つける）

原因・結果の文章を完成させましょう

じを　まちがえました。だから（　　　　　　　　　）
てが　よごれました。だから（　　　　　　　　　）
おしっこが　したい。だから（　　　　　　　　　）
おなかが　すきました。だから（　　　　　　　　　）
（　　　　　　　　）だから、はいしゃに　いきます。
（　　　　　　　　）だから、ばんそうこうを　はります。
（　　　　　　　　）だから、ようふくを　せんたくします。
（　　　　　　　　）だから、つめを　きります。

理由を説明しましょう

　因果関係の文章が書けるようになったら、次に「どうして～ですか？」という問いに対して、「～だからです」と理由を答える質問形式を学びます。

ステップ35　質問文（関係概念の入り口）

```
どうして　かさを　さすのですか
　　（　あめが　ふっている　からです　）
どうして　かみのけを　きるのですか
　　（　かみのけが　のびた　からです　）
どうして　みずを　のむのですか
　　（　のどが　かわいた　からです　）
どうして　プレゼントを　もらったのですか
　　（　おたんじょうび　だからです　）
```

　理由を説明するには「〜したから」という答え方と、「〜しないため」という２つの答え方があります。混乱を防ぐために、まず「〜したから」の答え方から覚えましょう。

　また、はじめは、これまでの学習で行なった、絵カードにあるものや因果関係の文が書けるものから取り組みましょう。よくできるようになったら、すこし抽象的な問題にもチャレンジしましょう。

```
どうして　おてつだいを　するのですか　　　　（　　　　　　　　　　）
どうして　やさいを　たべるのですか　　　　　（　　　　　　　　　　）
どうして　めがねを　かけるのですか　　　　　（　　　　　　　　　　）
どうして　めぐすりを　さすのですか　　　　　（　　　　　　　　　　）
```

３）　あいさつことば

「〜のあいさつは」「〜のときに、なんと言いますか」の質問に答えましょう。

```
・あいさつことばを答えましょう
　　ひるの　あいさつは　　　　　　　　　　　（　　　　　　　　　　）
　　ごはんをたべたあと（たべおわったとき）の　あいさつは
　　　　　　　　　　　　　　　　　　　　　　（　　　　　　　　　　）
　　ねるときの　あいさつは　　　　　　　　　（　　　　　　　　　　）
　　プレゼントを　もらったときの　あいさつは　（　　　　　　　　　）
　　学校に　いくときの　あいさつは　　　　　（　　　　　　　　　　）
　　家に　かえってきたときの　あいさつは　　（　　　　　　　　　　）
　　ごはんを　たべるときの　あいさつは　　　（　　　　　　　　　　）
```

第４章　会話に向けての学習ステップ

よるの　あいさつは　　　　　　　　　　（　　　　　　　　　　）

・こんなとき、なんと言いますか
　　あさ、となりのおばさんに　あいました。なんと　いいますか
　　　　　　　　　　　　　　　　　　　　　（　　　　　　　　　　）

　　おうちに　お客さんが　きました。なんと　いいますか
　　　　　　　　　　　　　　　　　　　　　（　　　　　　　　　　）

　　おとうさんが、おかしを　くれました。なんと　いいますか
　　　　　　　　　　　　　　　　　　　　　（　　　　　　　　　　）

　　おとうとの　おもちゃを　こわしてしまいました。なんと　いいますか
　　　　　　　　　　　　　　　　　　　　　（　　　　　　　　　　）

　　おならを　しました。なんと　いいますか　（　　　　　　　　　　）
　　おとうさんが　かいしゃから　かえってきました。なんと　いいますか
　　　　　　　　　　　　　　　　　　　　　（　　　　　　　　　　）

対になるあいさつを覚えましょう

　「いってきます―いってらっしゃい」のように、対になるあいさつことばが正しく使い分けられるように練習しましょう。

・（　）に対になる　あいさつことばを書きましょう
　　いってきます　　　　　　―　（　　　　　　　　　　　　　　　）
　　ただいま　　　　　　　　―　（　　　　　　　　　　　　　　　）
　　ありがとうございます　　―　（　　　　　　　　　　　　　　　）
・場面に応じた、あいさつことばを書きましょう
　　お父さんが会社からかえってきました。
　　　　　お父さんの　あいさつは　　（　　　　　　　　　　　　　）
　　　　　ぼくの　あいさつは　　　　（　　　　　　　　　　　　　）

どんなときのあいさつですか

　どんなときに使うあいさつことばか、説明しましょう。これまでとは逆のパターン

で、どんなときのあいさつことばなのか説明できるようにします。

○どんなときに つかう あいさつことば ですか
　おはようございます　（あさの　あいさつ）
　いってきます　　　　（がっこうに　いくときの　あいさつ）
　いただきます　　　　（ごはんをたべるときの　あいさつ）
　こんばんは　　　　　（夜、人にあったときに　する　あいさつ）
　はじめまして　　　　（はじめてあった人に　する　あいさつ）
　ただいま　　　　　　（家に　かえってきたときに　する　あいさつ）
　お父さん　いってらっしゃい
　　　　　　　　　　　（お父さんが　でかけるときに　する　あいさつ）

絵を見て答えましょう
　○セリフを書きましょう

口頭でも質問しましょう
　実際の生活場面において、口頭で質問し、あいさつを促すようにしましょう。
　（例）
　・「ご飯を食べます。あいさつは？」→「いただきます」
　・「お家に帰ります。先生になんて言いますか？」→「さようなら」
　・「お父さんが帰ってきたら？」→「おかえり（なさい）」

〈留意点〉
　あいさつことばを促すときに、「こんにちは、でしょ」などと言うと、エコラリアになってしまうことがあります。「こんにちは」と言わせたいときには、ヒントとして「こ」と、最初の音を言って促したり、「ごあいさつは？」「何といいますか？」などと言ったりして促しましょう。

ステップ 36 文章題（計算問題）

　ステップ23で、数の入り口からたし算・ひき算の計算をパターニングしました。2ケタの繰り上がりや繰り下がりのある計算ができるくらいの力がついてきたら、文章題に取り組みます。数の操作とことばを結びつけていきます。

文章題の進め方

1）ことばとそれに対応する記号をマッチングさせる

　最初は、文の中から＋か－かを判断することを教えます。パターニングでよいので、「ぜんぶで」が出てきたら＋（たし算）、と覚えましょう。

　ぜんぶで（＋）のこりは（－）

> りんごが3こありました。2こもらいました。ぜんぶでいくつ。
> 　3 ＋ 2 ＝ 4　　　　　　（4）

> あめが6こあります。　2こたべたらのこりはいくつ。
> 　6 － 2 ＝ 4　　　　　　（4）

　次に、＋、－ことばパターンを増やします。

> りんごが3こありました。2こたべました。いくつになりましたか。
> 　3 － 2 ＝ 1

わかりやすい＋－ことばとして、次のようなものがあります。

＋	－
ひろいました	すてました
かいました	たべました

＋	－
きました	かえりました
のりました	おりました

この段階では、文章から記号を判断して式を立てることが目標です。式を立てても物の増減がイメージできているわけではありません。

2) 文章からものの増減をイメージする

① 増えた・減ったの理解

おはじきや実際のものの増減と、「ふえた」「へった」ということばをマッチングさせます。大人がやって見せたことに対し「ふえた」「へった」と言わせたり、「3ふえる」「1へる」などの操作をできるようにします。

② 文を読んで絵を描く

文章を読んで絵を書いて増減を判断させます。あるいはおはじきなどを使って操作します。逆に、絵から文章を作るなどの方法でイメージと結びつけます。

めろんが5こあります。3こたべました。めろんはいくつですか。

え　　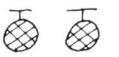

しき　　5 － 3 ＝ 2　　　　答え　2こ

おにぎりが3こあります。あと7こつくりました。おにぎりはいくつですか。

え　　　　

しき　　3 ＋ 7 ＝ 10　　　　答え　10こ

---

③ 市販のドリルでさまざまな言い回しを一つひとつ覚える

「どちらがいくつ多い」「ちがいはなんこ」などのことばによってやり方が異なります。また、自閉症児はことばが少し違ったり、並び方が違うだけでもわからなくなってしまいます。問題数の豊富な市販の文章題を1問ずつ達成するつもりで進めましょう。

数の概念化と文章理解へ向けて

　算数文章題は文章が短く簡潔なので、国語の文章読解より、読解力をつける練習の初歩として取り組みやすいものです。ことばの学習としても、積極的に取り入れましょう。

　数の概念を深める学習としては、数の大小、単位、時間、お金、推理など、さまざまな学習があります。学習段階に応じて適宜取り入れていくようにしますが、本書ではその方法について十分に解説するスペースがありません。詳しくは『自閉症児のことばの学習』（コロロ発達療育センター）を参照してください。

　覚えた計算式（たし算・ひき算の操作）は、実によく文章題にはまるものです。概念（より高次なことばの働き）を獲得していくためには、脳の階層構造に応じて順序性がある、ということに実践者は思い至るでしょう。

　物の属性をいくつか覚え、５Ｗ１Ｈも使えるパターンができました。人称の理解にはまだまだ到りませんが、主語を入れることも、慣用句として覚えはじめました。そうしたことばが並べられた文を読んで、出来事の流れ（物語性）について少しはわかるようになりました。ごくやさしい絵本の文面を読むことができるようになりつつあります。２〜３行の文章（知っていることばだけの）を読んで、答えられる文章パターンも出てきました。そうすると、もう少し行数が増え、知らないことばが１〜２含まれていても（教えてあげる必要がありますが）、文章の内容は何となく（時にはしっかりと）わかるようになってきます。ここまで来ると、学習の量の必要性をより痛感しつつ、モノにはナマエがあるというレベルを卒業したところの、急激な語彙数の増加に、どなたも感動されることでしょう。

ステップ37 音読

　この段階では本の音読を勧めます。1字1音の拾い読みではなく、単語ごとに区切りをつけて読むことを練習します。

　は、へ、に、「てにをは」は音声を伴わないと、使えない、覚えにくいものです。英語でも to、for、in、of などの副詞はその副詞そのものの用い方の原則を覚えるよりも、動詞の次にくる熟語として覚えなければならないのと同じです。例えば、「interest in（に興味）」「get off（のりおり）」の in、off の意味を考えても意味がありません。長いことばをひらがな音で書いて覚えるより、漢字を用いた方が手取り早いことに気づく子どもも出てきます。

　1巻のステップ25では、「あかかさ」「きいろかさ」→「あかのかさ」「きいろのかさ」というように、のを挟んで統一しましたが、「あかいりんご」「きいろいりんご」「みどりのりんご」などの使いわけは、音声（聴覚）を伴わないとニュアンスをつかむことは無理のように思われます。

　音読の真の目的は、自分が読んだ（発した）声を、自分の耳で聞き取ることです。音読では、大人の声（聴覚刺激）が消えるので、自分の発した声を聞いて確かめるしかありません。自発語の一歩手前まで来ていますが、まだ文字という外界の刺激物（呼び水）が必要な段階です。

方　法

　最初は拾い読みでもいいので、やさしい漢字を含めて、文字を読み取ることを練習しましょう。そして繰り返し練習し、単語ごとに区切りをつけて読めるようにしていきます。

　中には文をスラスラ読んでしまう子がいます。わかるはずのない難しい内容の文章を、スラスラ音読するのですから、正直大人はいい気持ちはしません。わかっている内容というのは、考え考え読みますから、少しつっかかったりします。しかし、このステップでは、音読が課題ですから、きれいに発音できれば良しとします。

文章の理解は、別の課題で行なうこととし、自発語以降内言語の発生に向けての、必要な一条件と捉えて、流暢に読める（発音できる）ことを、この課題の目標として行なってください。あまり音読がぎくしゃくしていたら、大人の聴覚手本を与えることはやむを得ません。

　また、数の計算のときも、答が「1325」と出てきたら「イッセンサンビャクニジュウゴ」と必ず読ませてください。

長文音読できるけれども、発音が不明瞭な子の場合

　中には、発音が非常にあいまいながら、長い文章をそれらしく読んでしまう子もいます。日本語にはないあいまい母音が多く、一音一語ははっきり聞きとれませんが、句読点の息つぎにもでき、リズム感もでています。こうした子の場合、目で見て文字を読めており、それを音声ルートに移しかえて発音できているのですから本ステップの課題は全体的にできていると評価したうえで、一音一句を正確に発音する練習を、別課題（1巻のステップ28あたり）で行なってみてください。長い文章の中から単語を取りだし、

　ながぐつ〔ああうつ〕　赤いりんご〔ああういんお〕　ごはん〔うあん〕

を正確に発音させてください。長文の音読と、発音の正確さを、同時に求めないことです。

ステップ38 自発語の誕生

　自分の出した声を聞き取るには、自分で進んで声を出さなくてはいけません。大人の声（呼び水となる質問）がなくても、要求語をはじめとすることばが頻繁に出てくる段階です。このことばをさらに豊富にしていく段階です。

取り組み方

1）より長い文で言わせる

　要求語は単語で出てくる場合が多いので、学習状況に応じて2語文、3語文で言わせるように促しましょう。「ジュース！」ではなく「おかあさんジュースをください」「ジュースをのんでもいいですか？」など、なるべく長い文で言えるようにパターニングしましょう。

2）すぐには応じず、もう一言

　要求語が出たからと言ってすぐには応じないことが大切です。
「ジュースをのんでもいいですか？」➡「お勉強がおわってからにしましょう」
「トイレにいってもいいですか？」➡「駅についたらいきましょう」
　そうすることで、要求目的でない発語（記述的言語）が促されることになるのです。

3）状況場面を設定して練習する

　生活がパターン化していると、ことばを使わなくても事足りてしまうことも多いので、意図的に不足状況、困った状況を作り出し、要求語を促す工夫も必要です。

　　例）いつもの場所にいつものものがない➡「○○がありません」
　　　　　　　　　　　　　　　　　　　　　「どこにありますか」
　　　　欲しいのに自分だけもらえない➡「ぼくも○○をください」
　　　　　　　　　　　　　　　　　　　「まだもらっていません」

こうしたいじわる問題は、発達障害児（言語認知障害）とのことばのキャッチボールに大変有効です。面倒でもこまめに取り入れましょう。

記述的表現語は即座に

　要求というのは、本能的なものが多いですから、積極的な行動です。生物において後発的に生じたことばも、本能欲求に基づくものは、積極的に出せるのが当然です。しかし、そうでない情景場面の説明など、認知障害児にとってそうたやすくことばに出せるものではありません。ある場面を、そこに居る人と共感したい、という気持ちをことばで表現する（これを記述的言語という）というのは、生やさしいものではないのです。ところが、自発語期の段階まで来ると、言いたいのにことばが見つからず、「ウウ……」しか出せず、まどろっこしい思いをしている自閉症児の姿が、よくあります。

　飛行機が、ゴオーという爆音とともに、頭上高く消えて行きました。その場面を指して、「ヒコーキ」と言うのはできました。しかし、足元から急にバタバタと、カラスが飛び立ったときには、ことばになりませんでした。母親は、子どもが何か言うのを期待して黙っていましたが、何も言わないので、「わあ、びっくり。大きいカラスだったね。こわかったでしょ。真黒だったわね」と説明すると、やっと「カラスこわい、カラスこわい」と続けて言えました。机上では、「カラスがなく」と言えるのですが、目の当たりにした現実の姿は、手あそび集会で出てくる「かあかあカラスの勘三郎」の世界ではありませんでした。このように現実場面は、複雑な形で視覚・聴覚刺激が、ド迫力で迫ってきます。だからそれを、記述的表現をもって聴覚ルートの手本を手短かに示してあげたいものです。

　少しじらした方がよい要求語に対して、記述的表現の方は、即座によい手本を示さなければなりません。この段階では、保護者・教師が一致協力して、記述的言語の獲得へ向けて、努力工夫をされることを、特に期待します。

ステップ39 会話パターン

　挨拶や要求語などは、同じことばの繰り返しが多いものですから、できるだけエコラリアにならないようにすることが大切です。一往復のやりとりができたら、二往復、三往復……とやりとりパターンを増やし、会話ができるように練習します。最初は決まりきったパターンを丸覚えすることで会話の基礎が身についてきます。

エコラリアにならないやりとりパターンの教え方

1) エコラリアにならないやりとりのパターニング
　「先生さようなら」➡「はい、さようなら」
　「〇〇君、おはよう」➡「おはよう」
　このように単なるエコラリアになってはいけません。大人も決まり文句を覚えて練習しましょう。
　「先生、さようなら」➡「また、あした。宿題やってきてね」➡「はい、わかりました」
　「〇〇君、おはよう」➡「△△先生、おはようございます」➡「ごきげんいかが」➡「はい、元気です」
　　このようなパターンを決め、状況を設定して繰り返し練習します。

2) いろいろな会話パターンの例
　① 答案用紙を差し出しながら
　「できました。見てください」➡「はい、ちょっと待っていてください……。よくできました、100点です」➡「やったー！」➡「次もがんばってください」➡「はい、がんばります」
　② 不足状況を作って
　「〇〇がありません、かしてください」➡「はいどうぞ」➡「ありがとうございました」➡「どういたしまして」

二往復以上の会話（やりとり）パターンの教え方

　会話も、最初は決まりきったパターンを覚えることからはじめましょう。わざとらしくなってもよいので、繰り返しその場面を経験することで意味や感情がパターンことばにマッチングされていきます。この段階を通過しないと、会話や内言語に進むのは難しいのです。

　この段階では、自分のことばを聞き取るというレベル（ステップ37、38）から脱し、相手の言うこと（聴覚ルート）から、それとは異なった自分のことば（音声ルート）で対応するという段階に入ります。ことばのキャッチボールの楽しみを知る段階です。

　自分と相手が、相互に決まりきったやりとりのことばを覚えるということに、難色を示される大人は多いものです。しかし私たちの周囲、日常をよく観察してみてください。わかりきったことばのやりとりですが、それがあるから、日頃のお付き合いがうまくいく、というものです。

　例えば、茶会の席です。亭主も客も、決まった場面で決まった口上を述べます。知っていることでも、手順通り尋ね、型通りに答えます。ところが、この問答パターンを知らない人は、お茶の席で何も言えません。英会話でもそうです。決まりきったことばを、相方が交わしあうから、会話になるのです。この決まりきったことば（の使い方）を、知らなければ、会話ができません。「わからないことを聞く⇒教える」のがやりとりの目的ではありません。最近の若い人たち（母親もスタッフも）は、社会的な場面でのやりとりパターンを知らないようです。会食の席など、儀礼的なことばが使えないので、黙々と食してばかり。それが仲間同士だと、意味のない一方的なおしゃべりに熱中、かまびすしいかぎりです。常識的なやりとりパターンを知らないと必然的にそうなるのです。

　認知障害児、特に高機能自閉症者にも、まったく同じことが言えると思いませんか？　エコラリアでないやりとりのことばが交わされれば、それだけでよい気持ちになれるものです。ことばの意味内容は、二の次でいいのです。家庭で、グループでそのお子さんのレベルに応じたやりとりパターンを設定し、毎回やってみてください。きっと楽しくなりますよ。

　1）　お風呂に入るとき
　大　　人「今日はだれとお風呂に入りますか？」
　　　　　　　↓

子ども「お父さんと入ります」

大　人「体を洗うときに使うものは何？」

子ども「石けんです」(「頭を洗うものは？」「シャンプーです」など、後から加えていきます)

大　人「そうね。今日は、お風呂の中でいくつ数えますか？」

子ども「100数えます」

大　人「では、100数えたら出ましょうね」

子ども「はい、わかりました」

　この会話パターンは、お風呂に入る直前、つまり素っ裸になってから、毎回定型通りに行ないます。やりとりが定型化すれば、必然的に会話が膨らみ、いくつものバリエーションが生まれます。

2）　実用化されない例
　やりとりの途中に時間経過があってはいけません。次のやりとりはどうなるでしょう（いけない箇所※）。
　大　人「そろそろお風呂に入りなさい」

　子ども「はい、入ってきます」

　大　人「お風呂から出たら、知らせてちょうだい」※

　子ども（お風呂から出て）「お風呂から出ました」

　大　人「次におばあさんに知らせてください」※

　子ども「はい、おばあさんに言ってきます」

この例が悪い例（実用化できない）であることは実際におやりになってみればすぐにわかります。この例ですと、子どもがお風呂に入ってから、10秒もたたずに出てきてしまいます。そしておばあさんを呼びに行くために、裸のまま伝えに行ってしまいます。時間間隔が開いてしまうと、やりとりパターンとしては成立しないのです。その場で、その時にできる二往復以上のやりとりを考えてください。机上学習で徹底的にパターニングしてから、実用に供するのが早道です。

3）　子ども同士で

子ども1「○○君は何年生ですか？」
↓
子ども2「小学3年生です」
↓
子ども1「ぼくは、小学5年生です」
↓
子ども2「ぼくは、××小学校です」
↓
子ども1「ぼくは、△△小学校です。担任の先生は男ですか？」
↓
子ども2「はい、そうです」
↓
子ども1「やさしい先生ですか？」
↓
子ども2「とてもやさしい先生です」
↓
子ども1「ぼくの担任は女の先生です。X先生もやさしいです」

　このような文例を、会話する2人の前において、交互に読ませることから始めましょう。特に「自分が何か聞かれて答えた後に、人に聞き返すこと」が、途切れずできるよう、大人がプロンプトしてあげるとよいでしょう。そのためには、やりとりパターンの最初は、定型であることが基本となります。

4）　電話をかける

大　人「はい、コロロです」

↓

子ども「もしもし山田たろうです。こんにちは」

　　　↓

大　人「あら、たろうくん、こんにちは。どうしたの？」

　　　↓

子ども「明日のコロロは学校があるので休みます」

　　　↓

大　人「そう、わかりました。では、また来週ね」

　　　↓

子ども「はい、お願いします。さようなら」

　電話は相手が見えないためやりとりが難しくなりますが、人に対面してのやりとりがよくできるようになったお子さんはぜひ練習してみましょう。
　コロロの通室日は、学校の行事などが入り急拠お休みせざるを得ないケースがあり、その場合は別の時間に振替を取ることができます。そんなとき先生（大人）は、「では振替をいつにしますか？」などと聞いてはいけません。この例（課題）は、あくまで大人と子どもの、やりとりパターンの獲得のために行なっていることを、忘れないでください。より難度の高い問題を、同時に加えると、結局得るものは何も無かった、という結果に陥ります。振替希望の申請は、別におかあさんが、コロロと連絡を取ってください。実務（客用）と課題を混同しないことです。

お母さんの実践報告
ー会話を教える（国分寺教室　山坂牧子）ー

　長男俊貴が中学1年生のころの会話です。
子「お母さん、ご飯を作ってください」
母「今忙しいから7時まで待ってください」
子「はい、わかりました」
　　　…7時になって…
子「お母さん7時になりました。ご飯を作ってください」
母「はい、では作りますので手伝ってください」
子「はい、わかりました」
　このやりとりは、机上で書かせたり、繰り返し言わせてパターニングしたわけではないのですが、2人の会話が成立した瞬間でした。
　わが子は初めから会話ができたわけではありません。やっと単語を発するところから、それらしく会話ができるようになるまでの過程を振り返ってみたいと思います。
　小学校に入学する前から、ひらがな・カタカナビデオを見たり、遊びの中で公文カードの聞き取りや命名をしていましたので、「これは？」の促しに、単語を発していましたが、生活場面ではほとんど話すことはありませんでした。親がことばを真似させることで「アイスちょうだい」とようやく発する程度で、受け答えができるレベルではありませんでした。

やりとりパターンの練習
　コロロに入会したのが小学1年生の4月でした。ひらがな模写から書字学習へと進み、50音表をつぶすように書字学習をし、濁音や半濁音を含めた読み書きができるようになったのが11月頃でした。
　そのころ、コロロのMT講座（Mother Tearcherになるための月1回の勉強会）で、「やりとりパターン」の練習方法を教えていただいたので早速取り組み始めました。
「なまえは？」 ➡ 「やまさかとしき」
「りんごは（なにいろ）」 ➡ 「あか」
「いぬは（なんてなくの）」 ➡ 「わんわん」
　エコラリアの強い子でしたので、耳に入るや否や、ことばを繰り返してしまいます。

反射的に出てきてしまうことばを止めて、言うべきことばを理解させようと、必死に言い聞かせても成果が出ません。そこで、手掛りとして文字カードを活用しました。

なまえは	やまさかとしき
りんごは	あか
いぬは	わんわん

　まずはカードマッチングをパターニングし、私が質問したあと、俊貴が言うべき台詞を示して読ませました。耳からの刺激だけでは全く考える目つきになってくれなかったのに、目の前にカードがあることで、明らかに「ぼくはなんて言えばいいのか？」と考えているようでした。答えをいくつか置いておき、問いに答えさせました。
　カードが無くても答えられるというステップを踏んで、聞いて答えるというやりとりの形を理解させました。
　やりとり学習の取っ掛かりは、こんなにも簡単な受け答えでしたが、生活の中で使えるやりとりを覚えてほしくて、次のようなやりとりパターンを練習しました。
　父親とお風呂に入るときの会話です。
父「今日は、だれとおふろにはいりますか」
子「おとうさんとはいります」
父「パジャマをもってきなさい」
子「はい、パジャマ、シャツ、パンツをもってきます」※
父「さむいから、ゆっくりはいろうね」
子「はい、バスクリンをいれて、ゆっくりはいりましょう」

　始めはなかなかうまくいきませんでしたが、何度も書かせたり、お風呂に入るときに台詞を読ませることで丸暗記をさせました。雛形となるこのやりとりを覚えたおかげで、今では季節ごとのレパートリーも増え、その時々の多少のアレンジも利くようになりました。
　小学１、２年のころは、コロロの学習（物の用途の説明文を書く、場所の目的を説明する、職業名と仕事の説明文を書く、判断学習など）をこなすことで手一杯だったことを覚えています。知っていることばが増えることで、生活の中でも単語を発するようになりましたが、それと同時に独り言やエコラリアが増え、耳につくようになりました。考えずにしゃべってしまうわが子を見て、会話のキャッチボールにはほど遠いと思った

ものです。

嫌いですか？　好きですか？

　３年生くらいから学校の帰り道を利用して、やりとり練習を行ないました。

　たった今終えてきたばかりの学校の出来事や給食のメニューを質問しながら帰りました。

　家庭では「好き、嫌い」の質問をたくさん出しました。

「納豆は嫌いですか？　好きですか？」

「しいたけは嫌いですか？　好きですか？」

「げんこつは嫌いですか？　好きですか？」

「チョコレートは好きですか？　嫌いですか？」

「アイスは好きですか？　嫌いですか？」

「ラーメンは好きですか？　嫌いですか？」

　エコラリアの強い子ですので、初めのうちは、納豆、しいたけ、げんこつを「好きです」と言ってしまい、言う度に納豆を食べさせられ、げんこつをされ、俊貴も大変だったと思います。ですが何度か繰り返すうちに考えながら「嫌いです」と言えるようになりました。

欲しいものは何ですか？

　３年生の冬のことです。何となく「今夜は何を食べようかな」と言うと、横にいた俊貴が「さしみ」と一言答えました。返事をされるとは思ってもいなかったのでびっくりしたと同時に嬉しくなり、思わずスーパーに買いに行きました。

「俊貴は男ですか、女ですか」

「弟の名前は何ですか」

「家の住所はどこですか」

などプリント上で書けるようになったことは、すべて口頭やりとりでもできるように練習しました。

　まだまだエコラリアが多いので、その度に口に手を当てて止めさせ、言い直しをさせたり、初めから口を押さえて質問をし、考えさせてから話をさせました。この年のクリスマス前には「欲しい」という意味がわかるようになり、「クリスマスプレゼントはチョコレートとガムが欲しい」と答えられるようになりました。いつも会話の広がりのきっかけは食べ物でした。わが子らしいと思いますが、子どもの好きなもの嫌いなもの

を把握し、それを題材にすることは大変に有効です。

場面を作って実践する

　5年生になると少し難しい質問を出しました。
「この前の日曜日はどこへ行きましたか」
「コロロは何曜日に行きますか」
「コロロに行くときは何駅で乗りますか。降りる駅はどこですか」
「学校の友達の名前を3人言いなさい」
「うわばきを忘れたらどうしますか」
「ふでばこを忘れたらどうしますか」
「友達がふでばこを忘れました。俊貴はどうしますか」
　実際に、うわばきやふでばこを忘れてしまい、学校でパニックになってしまったときのことです。帰宅後、机上学習で何度も書かせ、先生に「うわばきを忘れました。スリッパを貸してください」と言えるように練習をしました。後日、先生に同じ状況を設定していただき、うわばきを忘れたときのやりとりを実践させました。
　6年生になるとことばの理解が進み、今何が欲しい、何がしたいということもだいたい言えるようになってきました。ですが、その分要求も強くなってきました。
「チョコレートを買ってください」
「サッカー、俊貴も見に行きます」
「今度の日曜日、お祭りに行きましょう」
　自分の要求をすぐにことばにしてしまい、自分が言った通りにしないと気が済まない場面も多くなってきました。
「チョコは来週の日曜日に買いに行きます」
「今日はサッカーを見に行きません。10月○日に行きます」
　俊貴がマイペースにならないように、親や家族の予定を優先し、我慢をさせるようにしています。そうすることで、今はダメでも次があるということがわかってきました。現在では、怒らずに我慢することや急な変更に対応できるようになってきました。

母「今日はだれに教えてもらったの」
子「神村先生です」
母「神村先生は女ですか、男ですか」
子「女です」

母「神村先生は目が小さいですか」
子「大きいです」
母「教室にお友達はいましたか」
子「冬君がいました」

　コロロ国分寺教室から最寄りの西国分寺駅までの徒歩15分の道のりは、やりとり学習をするのにうってつけの時間でした。

　これまで相手とあいさつができ、相手のことばをきちんと聞くことができる大人になることを目標に取り組んできました。現在俊貴は23歳になり、作業所で働いています。困った行動もなく、穏やかに日々の生活を送ることができています。それは、卒業してからも変わらずに、家の手伝い、学習、行動トレーニング、歩行トレーニングなど、コロロで学んだ家庭療法を、今も継続しているからだと思っています。

※著者注　パジャマ類はすぐ近くに用意しておくこと。持っていくのに時間がかかると、余計な行動をしてしまったり、やりとり会話の練習中であることを忘れてしまいます。
　　　　　S（刺激）→R（反応）3秒以内を忘れずに。

ステップ40 歌を歌う

　ことばを正しいリズムにのせること、そして音程を合わせることがねらいです。
　言語認知障害児は、聴覚ルートを開発する能力が先天的に低いことを考えれば、音感が悪いことが多いのは当然でしょう。ですから、この段階に至る前に、行進曲のリズムに合わせて歩いたり、リズムに乗って太鼓を叩いたりといった正確にリズムを取って運動することを、基本的な行動トレーニングとして取り組んでおきましょう。
　「発語プログラム」の学習で、文字を手がかりに発語した当初は、1呼吸で1音を発音するという発声方法であることがほとんどです。しかしこの発生方法のままでは、字面によって発声が引き出されるわけですから、文字の映像は消えていきません。「内言語」という段階は、ことばから音声や文字のイメージが消えています。ことばが流暢なリズムにならないと、「内言語」には至らないのです。そのために歌という手段は、流暢なリズムを獲得するためのわかりやすい教材なのです。

方　法

　大人の声やピアノに合わせて簡単な歌を歌う練習をしましょう。
　よく歌える子にはできるだけ正しい音程で、やっとことばが出てきたという子には、あまり音楽的なことを要求してはいけません。歌を歌っているらしい感じが出ていればよし、としましょう。この段階になると、少し厳しく叱ったり、直されることには、それほど抵抗しなくなっているものです。しかし、リズムや音程を、手本刺激に合わせるということが、どういうことなのか皆目わからない子には、リズムや音程の実体を教えるのは至難の業です。音の緩急や高低ではなく、声の大きさを模倣するだけになってしまいます。そして、何よりも指導者が注意しなければならないのは、音痴に対して笑ってしまうことです。この笑いは強化子になりかねません。
　あまりにも音程をはずしてしまう場合には、ムリに今この課題にこだわる必要はありません。音声模写や音読に取り組めば十分です。

また、ピアノやその他の手頃な楽器を自分で弾いたり吹いたりすることも、試してみるに値すると思います。自分で演奏することによって、音程というものの存在に気づくかもしれません。この音程という概念に気づくことができれば、歌を正確に歌ったり、正しいことばを真似るようになるかもしれません。ただ、流暢に話せるために行なう発語プログラムの一助として、音楽教育を持ち込むのは、時期尚早の恐れ大です。むしろ、いろはかるた「犬も歩けば棒に当たる」「論より証拠」などの唱和の方が効果があるでしょう。

　ただ、ピアノのレッスンを受けることがいけない、というわけではありません。発達障害の特性を理解したうえで、ピアノを教えていただける先生がおられたら、レッスンを受けることも無意味ではありません。ピアノの教え方はその先生が独自に考えられていると思います。

　その一例ですが鍵盤の上に番号をふって、指の使い方を覚えていきます。最初にその先生がお手本を示し、聞かせてあげると、自分の弾いた音とお手本とが一致していることを、気づく子がいます。ところが指を押しまちがえると、やり直しが効かず、ピアノを弾けなくなってしまいます。お手本と違う音を出してしまったら、もうその後が続かないのです。このお子さんは絶対音感に近い聴覚をもっているのだと思われます。あるピアノの先生から私が、そうした相談を受けたとき、次のようなアドバイスをしました。「8小節で終止符になる短い曲を、いくつか練習させてください。一端中断する、弾くのを止める、しばらくしてまた再開する、そうしたパターンを作ってください」と助言しました。これはうまくいきました。

　そのお子さんは、他の子が泣いていると、すぐつられて泣いてしまいます。それも同じ音程で泣くのです。絶対音感は、日常場面で困ったところに現われます。ですから、泣く子どもが多い環境（集団）は避けた方が無難です。ピアノのレッスン場面から発達障害の特性—その本態をうかがい知ることができる—現象として披露しました。

課題のねらい

　自分の音声ルートを、ピアノという楽器の聴覚刺激にマッチングさせることにより、新たな聴覚ルートであるリズムと音程（メロディ）というより、抽象的な法則性への気づきをねらいます。

　なお、歌が歌えるのに「発語がない」という子どもも珍しくありません。その場合、一定期間、音楽刺激をいっさい消去し、できるだけ歌わせないという環境設定を

した結果、ことばが出てきたという例がないことはありません。しかし音楽消去の設定が功を奏するのは、せいぜいステップ21（音声模倣）以前の段階においてであろうと考えられます。本ステップでは、積極的に挑戦しましょう。ただし、認知障害児にとって、最も苦手な感覚ルートの使用であるので、マラソン・水泳・球技などのスポーツを覚える課題と相前後して、さらなる上級ステップとして位置づけされることを勧めます。

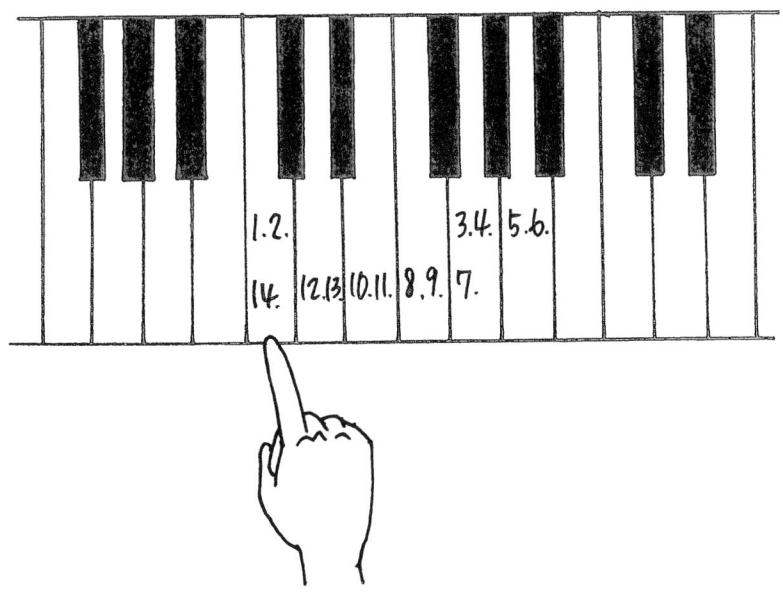

とりあえず人差し指1本で、番号順に鍵盤を押させてみる。

ステップ41 絵を描く

　文字から映像をイメージする練習として、絵を描かせることは大変有効です。自閉症児の中には、写実的な絵や幾何学的な模様など、絵を描くのが得意な子もいますが、かえって、単純なものの絵を描くことが難しい場合が多いようです（模写との区別がつきにくい）。まずは模写でよいので、描ける絵を増やしていきます。静物・生き物なども描けるようにし、文を読んで描いたり、思い出して描くことへ結びつけていくのです。

絵を描くステップ

　○や直線を用いた簡単な図形から、模写の練習をはじめ、書ける物を増やしていきます。

① 模　写

② 単語を見て絵を描く

　　りんご　　　　　　ぶどう　　　　　　ばなな

　　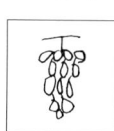　　

③ 文を読んで絵を描く

　　なしが3個あります。　　　　すいかが1個あります。

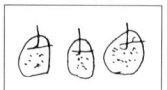　　　　

　　おうちのまえに女の子がたっています。　　　犬（いぬ）があるく。

指導上の留意点

　1巻の模写から書字の段階では、絵を見せられると、せっかく書けるようになった文字がイメージされず、絵を模写してしまう子が相当数みられました。発語もなく字も書けないのに、絵だけは書けるというお子さんに多い現象です。コロロに通っていない方ですと、ここを越えられず絵→書字の学習に進めないお子さんが相当数存在すると推察します。

　ですが、発達プログラムを進められ、このあたりのステップに到達してくると、上記のような心配はまずありません。お絵描き指導にも積極的に取り組んでください。お手本を見せ、画面の中に大人が介入してもよいですから、絵世界のイメージの幅を拡げてあげてください。

　もともとお絵描きの好きな発達障害児は少なくありません。細かな部分を精密に描く才能は特有のものがあります。こうした才能を活かすべく、絵画活動に没頭し、成人後画業に専念する方もかなりおられるようです。なぜかプロの画家は発達障害の方が描く特有の微細な部分へのこだわりに芸術性を見いだすようです。しかし、そうした方に時折お目にかかって感じることは、画業没頭は療育としては、いかがなものか、との疑問を払拭しえません。問題なのは、人としての望ましい生活習慣という視点から眺めると、偏りすぎていると感じられ、時に病的に思われることがないとは言えません。

　お絵描きがいけないというのではありません。趣味や気晴らしとして行なうのは大賛成です。生業にしてもよろしいのですが、それだけに全時間を傾けないで、運動とこだわりのパターンこわし（概念学習）を日課に組み込んでやっていただきたいのです。要するに「療育」という視点でお絵描き得意の発達障害の方を見守っていただきたいということです。

　他方、歌や芝居に生き方を見つける発達障害の方に、こうした心配は見当たりません。それは歌詞や台詞がいつも発達障害の人の脳を活性化し、新しいことばを覚えることが常に新しいパターンの獲得（旧パターンこわし）につながっていくからだと考えられます。

ステップ42 絵日記を書く

　実際の行動を言語化し長い文章を書く練習です。しかし、日記帳の白いマス目から、昼間の出来事のイメージ（映像）は沸いてきません。マス目に書かれた文字、すなわち、毎日の文が同じ内容の繰り返しになってしまいます。これはパターン認識であって、イメージを湧き上がらせる概念（抽象言語）がまだ乏しいのです。

　絵日記は、お母さんがヒントを与えてあげながら、記憶を思い起こさせ文章にしていきます。自発語とはいってもまだまだ誘発刺激が必要なのです。これを毎日続け、「お母さんの声」＝「記憶」＝「絵」＝「自分の声」＝「文字」のルート変換を重ねます。

絵日記（作文）の書かせ方

① 最初は事前に質問をしてことばを引き出しておきます。それからそれをつなげて書きます。

　食べることに関心が高いお子さんは多いので、日ごとに変わる給食のメニューを毎日書かせるのは、日記のとりかかりとしてはわかりやすいでしょう。お母さんが、給食のメニュー表を見てヒントを出しやすいという利点もあります。

　ただし、これを365日繰り返すのは問題です。ある程度書けるようになってきたら、「今日は体育の時間のことを書こう」など、給食以外の事柄についても想起できるように練習しましょう。

② 3～4節以上の文を3～4文つなげて書くことができるようになったら、形容詞、接続詞、副詞、感情ことばなどを使うようにします。

　例）だから、それで、を使って書きましょう。

　例）気持ちリストを見て、気持ちを3つ入れて書きましょう。

③ 他者についての記述をさせる、パターン以外のところを膨らませるようにし、内容をより長く詳しくしていきます。

④ 絵は文字より先に描かせても、後でもどちらでもかまいません。絵が得意で、

ことさら詳細な部分まで、こだわって描ける子もいます。そのために文（ことば）が遅れをとっている、と考えられる場合も少なくないので、絵日記における絵は、文章を書くためのプロンプト、副次的な課題と捉えておいた方が、無難でしょう。

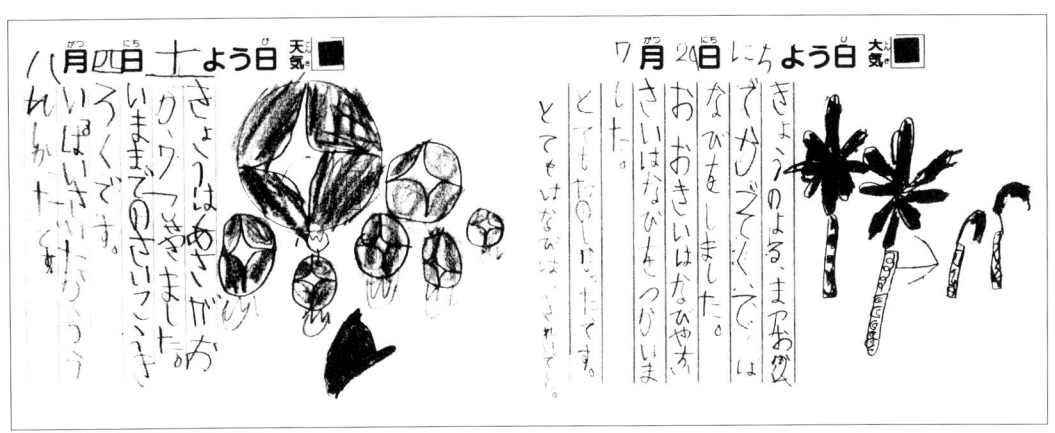

小学校1年生のK君の絵日記

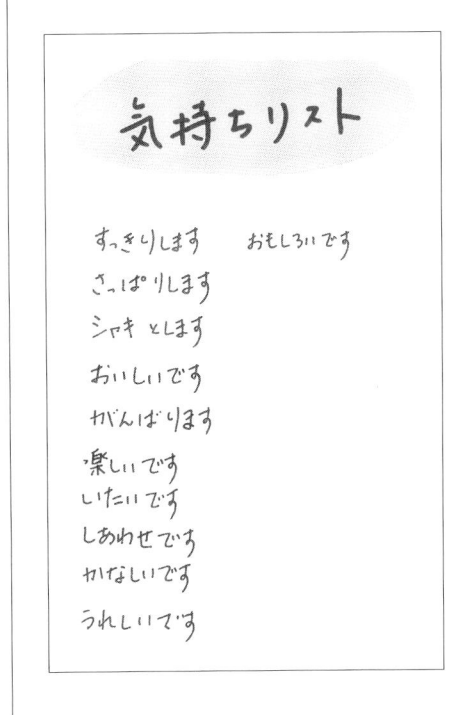

日記の学習例①　気持ちリストや時間割を用いて整理する

ステップ42　絵日記を書く　57

(1) 1日の流れを、思い出して書く　　食べ物は、思い出しやすい。給食もメニュー表で確認できる。
　　　　　　　　　　　　　　　　　　　そこから、次にやったことを思い出すきっかけにもなりやすい。

朝食（ゆどうふ　みそじる　かく　サイダー　おちゃ　）
　（おちらを　ならびました）　おもちゃをどけた家を片付けた
　（おべんきょうをしました）　　　　（がんばりました　　　　　　）
　（てくてく歩きました　　　）

昼食（てりやきバーガー　ポテト　ナゲット　コーラ）
　（てくてく歩きました　　　）お買い物で、お正月の食べ物や果物など買いました
　（おかいものをしました　　）　　　（わくわくしました　　　　）
　（おやつを食べました　　　）

おやつ（いちごのクリスマスをたべました）
　（てくてく歩きました　　　）
　（おかいものをしました　　）

夕食（おみそどりん　おんとう　みそしる　みそのす）
　（おべんきょうをしました　）おべんきょうを早くおわらせたい
　（たいそうをしました　　　）　　　（たのしかったです　　　　）

(2) 質問に答える
　いつ　　　12月29日日曜日
　何の時間　ほこうの時間
　だれ　　　私
　だれと　　ママ
　どこ　　　おやまこのみち
　どう　　　てくてく歩きました
　きもち　　がんばりました

(3) 答えた内容をつなげて書いて文にする。
　12月29日日曜日ほこうの時間で私はママ
　とおやまこのみちでてくてく歩きました。
　がんばりました。

日記の学習例②　質問に答えてから、まとめて文章にするという手順を踏む

絵日記課題のねらいは、1日の出来事（主に過ぎ去った情景→視覚刺激の記憶）を、数時間後に文字言語（文章）を用いて、再生（マッチング）することです。ステップ38で、記述的表現語の即時練習を行なっているので、情景場面の言語表現は、ある程度できるようになっています。しかし、時間差をおいての言語表現（マッチング）となると、これは大変難しい課題です。視覚刺激だけの記憶（1日の出来事）では、時間が経つと、記憶再生しにくいのです。そこで、「プールに入った」「デパートでプラモデルを買った」など、その日特筆すべき出来事があった直後に、その情景や印象を言語化（できれば文章に）しておけば、数時間だっても、言語（文章）再生はバッチリです。学校と家庭での学習連携が、相乗効果をあげる段階であることを、痛感されるでしょう。

　日記や作文を書く課題は、ステップ34、35で取り組んでいる学習の進行状況にあわせて、レベルを定めて進めていくとよいでしょう。

　描画発達の段階について、少し述べておきます。

　定型発達では、3歳の誕生日に☺が描け、自我獲得の5歳で、やっと手足が描けるといいます。しかしまだ、胴体に手と足がくっついたレベルです。このように描画発達は、正常発達では非常に高い知的水準を必要とする領域であるのです。

　翻って、発達障害児（言語認知障害）では、定型発達5歳（内言語獲得領域です）の知的レベルには、とても届かない子どもたちが、もっと上手に形の整った絵を描くことが可能となります。もともと視覚野優位の特性があり、その上に模写や書字学習をも加わりますから、定型発達を上回る現象も、ままみられるわけです。前のステップでは、お絵描き没頭の危険性について述べましたが、才能のあるお子さんには、豊富な画材を活用し、多様な作品レパートリーを拡げてあげてほしいと願います。ペン画から、水彩画、油彩、水墨画、黒炭デッサン、彫造などなど。準備してあげる手間は大変ですが、用具画材の購入から本人と一緒にかかわることで、没頭危険の害は防げると思います。

第5章

いよいよ概念の海へ
―船出し、潜水し、他国の岸に浮き上がろう―
ステップ43～60

　第4章(「ステップ32　判断学習」～「ステップ42　絵日記を書く」)では、ことばを話せるようになってから、会話の初歩までの学習ステップをまとめました。

　ステップ43以降は、いよいよ概念の海へもぐります。さまざまな形状、異なった性質、違う心象などなど、見た目には違うものの中のある一点の特徴を指して、共通項を求め、同一のことばを探しあてます。これが概念探求の旅路です。

　どこの海岸から潜り、どこの海岸にはい上がるか、というような海中探査です。その結果、海の水は世界中塩からいという共通の事項を知ります。これが概念の海です。どこから入ってもよいので、決定的な順番はありませんが、『自閉症児のことばの学習』(コロロ発達療育センター)に沿って、ステップの順番をつけておきます。

　学習の量は膨大で、43～60の各ステップ内においても、さらに細分化された学習段階があります。ですから、1つのステップの内容をすべてこなしてから次のステップに進むのではなく、あるステップの中で今の子どもの概念レベルで理解可能な範囲までいったら別のステップに進み、一巡したらまた最初のステップに戻ってより理解を深めていく、という考え方で、学習プログラムを組んでみてください。長い年月をかけて概念を深めていくという心づもりで、挑んで頂きたいと思います。

```
ステップ43　名詞の語彙を増やす
ステップ44　より抽象的な名詞の理解Ⅰ　方向を表すことば：位置関係と空間把握
ステップ45　より抽象的な名詞の理解Ⅱ　気象を表すことば：環境の変化への注目と身体の感覚
ステップ46　より抽象的な名詞の理解Ⅲ　時を表すことば：時間・日付
ステップ47　上位概念の理解
ステップ48　物事の説明　複数の要素を挙げて説明する (1対1対応からの脱却)
ステップ49　動詞の語彙を増やし、ボディイメージを高める
ステップ50　自分の行動の記憶と言語化
ステップ51　形容詞、形容動詞、副詞の語彙を増やし、表現力を高める
ステップ52　因果関係と理由説明、問題解決　パターン認識から順序立てた思考・接続詞の使用
ステップ53　感覚・感情を表すことばと情緒の発達
ステップ54　疑問詞 (5W1H) の理解と作文、文章読解
ステップ55　二者～三者関係の理解
ステップ56　立場に応じたことばの使用・会話
ステップ57　問題解決
ステップ58　お金と買い物
ステップ59　道徳的判断と自己抑制／常識・マナー・規則
ステップ60　たとえのことば、隠れたことば (比喩／暗喩)、ことばの推理
```

ステップ43 名詞の語彙を増やす

　身近な物の名前がわかり、3〜4語文で状況を述べることができるようになってくると、生活の中での基本的な会話は成立するようになってきます。しかし、新しい状況や、普段と違うことばかけなどをされると、まだそのことばは知らなかった、本当の意味がわかっていなかったということが露見します。定型発達においては、周りの人の会話を聞いて、いつの間にか新しいことばを覚えてしまうのですが、そのように自然に学習するのが困難だということが自閉症の特性のひとつです。ですから、知らないことばは一つひとつ教えていく、というつもりで学習を進めてください。

語彙を増やすために必要な視点

　自閉症児の概念獲得の方法は、定型発達とは異なります。自閉症児においては、最初にインプットされた刺激と反応の1対1対応が強く認識されます。家のトイレでしか排尿できないのは、他のトイレが同じものだと認識されないためです。髪形を変えたらお母さんがわからなかったということもあります（ですから、お母さんへの悪い攻撃パターンなどがある場合、服装や髪形を変えたりサングラスをかけたりすると改善される場合があります）。

　私たちは、座るものはどれも「いす」と呼ぶことができますが、そのような「般化」が難しいことが認知特性のひとつなのです

　自閉症の当事者として有名なテンプル・グランディン博士は著書『自閉症感覚』（NHK出版）の中で、「ふつうの人はたいてい概念から具体的な事柄へ、全体から部分へと考えるのに対して、私は具体的な事柄をいくつも集めて全体の概念を形成しなければならないのです。どんな思考も、具体的な事柄から始まって概念にたどり着きます」と述べています。

　指導者はこうした自閉症児者の認知特性を把握したうえで、「ことばを一つひとつ、わかるように教えること」「教えたことばを他の場面でも使用できるよう、般化のス

テップを丁寧に踏むこと」を意識して学習を進める必要があります。

　名詞の学習は、目に見える具体物から始めて、季節や天気など現象に関することば、においや味といった見えないものの命名へと、より抽象性の高いものに進めていきます。視覚的な認知力が高い半面、目に見えないものの理解が難しいという自閉症児の特徴を踏まえ、どれだけわかりやすく、自分の身体感覚とことばを結びつけて教えるか、という工夫が求められます。

目に見える具体物、身の回りの道具、生物などを教える

　一番効果的なのはここでも絵カードと字カードのマッチングです。英単語を覚えるように単語帳を活用するのもよいでしょう。視覚的にわかりやすく、見せて、書かせてインプットしていきます。

【出題例】
・食事のメニューや衣類の写真を単語帳にして書く、言う練習

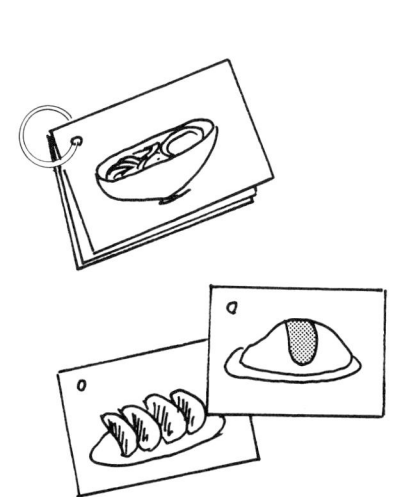

・台所にあるものを10個書きましょう
　　（冷蔵庫）（ガスコンロ）（ポット）（炊飯器）（電子レンジ）
　　（やかん）（なべ）（包丁）（まな板）（フライパン）
・掃除道具の名前と使い方を書きましょう。

ステップ43　名詞の語彙を増やす

マッチングカードや単語帳でものの名前を覚えたら、実物や違う聞き方でもわかるか、少し形の違うものでもわかるかなど、般化に向けてのパターン崩しを行ないます。

【パターン崩しの出題例】
・別のことばに置き換えましょう。
　　化粧室＝（トイレ）＝（お手洗い）
　　昼ごはん＝（昼食）＝（ランチ）
　　お風呂＝（浴室）＝（バスルーム）

・何のことですか
　　起床（起きること）　洗顔（顔を洗うこと）　入浴（お風呂に入ること）
　　氏名（名前）　住所（住んでいるところ）　生年月日（生まれた日）

固有名詞

　名前を知らないということは、認識されていないことと同じです。名前を教えることで、その物や人に対する意識が高まります。これは、定型発達であっても同じことです。

　自閉症児においては、人や地名、駅名などに非常に関心が高いこともあれば、逆に全く覚えられないこともあります。興味をもつものがあるのは素晴らしいことですが、他のものが全く入っていかないのは問題です。子ども特有の反応を見極めた上でバランスよく命名できるようにしていきましょう。

　人の顔の区別がつきにくいお子さんは多いようです（逆に1回しか会っていないのになぜかフルネームを知っている方もいます）。アスペルガー症候群の当事者である藤家寛子さんは『自閉っ子、こういう風にできてます！』（花風社）の中で「私は眼球の動きとか、両眉と鼻の三角地帯で人を見分けているようです。ですから、同じ顔の人がいっぱいいます」と述べています。細部に注目し、全体を構成しづらいという認知特性が現れているのでしょう。人名や場所名など、私たちが考えている以上に認識しづらいものだということを理解して、区別できる範囲から教えていくことが大切です。写真などでカードを作り、見て言わせたり書かせたりという丸暗記から始めてゆきましょう。

ステップ44 より抽象的な名詞の理解Ⅰ
方向を表すことば：位置関係と空間把握

　目に見えないものや、抽象的なことばの理解は、大変難しいものですから、一つひとつ課題として取り上げて学習します。まず机上のプリントで文字で教える→次に実際場面で（空間で）音声言語で教えるという手順を踏むと、視覚化され、わかりやすいでしょう。いくつかの課題例を紹介します。

上下左右

① ○○の上・下、右・左は？

【出題例】
・上はどっち？下はどっち？⇒　～の上（下）は？

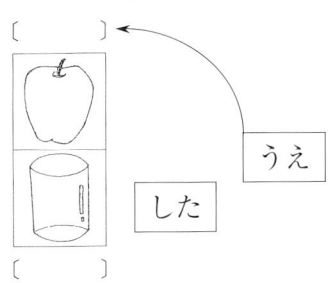 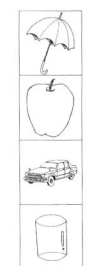

こっぷの　うえは（　　　）
くるまの　うえは（　　　）
りんごの　したは（　　　）
かさの　したは　（　　　）
みかんの　うえは（　　　）
りんごの　うえは（　　　）

・右はどっち？左はどっち？
　　右手・左手、右足・左足、右目・左目
　⇒～の右（左）は？　リンゴの左におはじきを置きましょう。

りんごの　みぎは　　（　　　）
かさの　みぎは　　　（　　　）
くるまの　ひだりは　（　　　）

・碁盤のマス目で 〜の上（下・右・左）は？

りんごの うえは　（　）　　かえるの したは　（　）
こっぷの みぎは　（　）　　くるまの ひだりは（　）
えんぴつの したは（　）　　いすの　 したは　（　）
はさみの ひだりは（　）　　ほんの　 みぎは　（　）

・空間で…机や棚の上・下、机の上に並べたものの右・左

② 上・下・右・左から〇番目

　この課題は、①の〇〇の上下左右は？と同時に行なうと、混乱する場合があります。①を学習してから半年くらいおいて取り組みましょう。

【出題例】
・上（下）から〇番目は？
・右（左）から〇番目は？
・上から〇番目、右から〇番目は？

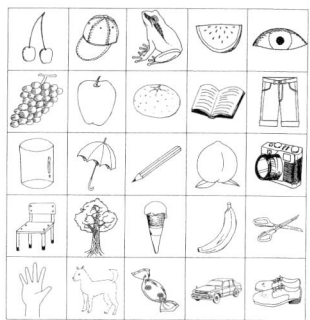

　りんごは上から（2番目）左から（2番目）
　上から3番目、右から2番目は（もも）

・実際場面で「引き出しの上から3番目に入っているものは何ですか」
　　　　　　「机の上のリンゴの左にコップを置いてください」

さらに、相手にとっての上下左右や、地図上での左右の判断や、「あの人の方が成績が上だ」などの比喩的な使用方法の学習など、学習段階に応じてより抽象的な内容へと進めていきます。

東西南北

① 紙面で東西南北の並び順を覚える
② 地図上で東西南北の向きがわかる
③ 実際場面で東西南北がわかる
④ 東西南北と月や太陽の動きの関連性がわかる

この辺りの学習段階になると、小学校中〜高学年の理科、社会の教科書や問題集が、概念学習のテキストとして使えるようになります。日本地図や世界地図、地図記号、地球と宇宙の関係などに興味をもちだす子もいます。

一般的な教科書や問題集は、1ページの中にもさまざまな情報が混在していて、そのまま使用したのでは、概念化に結び付きづらいことがあります。問題と答えはすぐに丸暗記できてしまいますが、少し言い回しが変わったり事例が異なると、同じように考えることができません。ですから、まだ理解していない問題は、似たような問題を複数作って繰り返し学習させたり、複数の問題集での類似問題を解けるようにするなど、反復学習を通して般化させることが必要です。まだまだ、親や指導者がかかわって、個々に応じた問題を作成して深めていかなくてはならない段階なのです。

絵、間取り図、地図を描く

空間把握や位置関係の学習として、間取り図を描く、地図を描く、文を読んで絵を描くなどの課題も取り入れていきましょう。

① 文を読んで絵を描く

ステップ41で、絵を描く課題を行なっていますが、ことばの理解が進むにしたがって、より複雑な内容の絵を描けるように練習します。位置関係や大きさの対比など、空間把握はとても難しいことが多いので、学習したことばでわかりやすい設問をして、1つずつ書けるパターンを増やしていきます。景色を見ながら風景画を描くことや、話を聞いて一場面を絵にするなどの課題へと発展させていけるとよいです。自閉症児の絵は、細部を正確に描写することができても、平面的です。教える技術は要りますが、遠近法の描画法を教えてあげると、構成に広がりがで

き、概念化へと進められます。

> 【出題例】文を読んで絵を描きましょう。
> 　おうちの横に高い木があります。木の上に鳥がとまっています。木の下では女の子が蝶を追いかけています。

②　間取り図を描く

　1室の室内の間取り図、1軒の家の間取り図を描く課題です。これも、全体像を捉えることが難しい自閉症児には、わかりづらい課題です。最初は間取りを書いておいてあげて、そこに部屋の名前を埋めるところから始めるとよいでしょう。

　台所、風呂場などの主要な場所名は知っていても、「廊下」「縁側」「ベランダ」「リビング」「和室」「応接間」「天井」「物置」「寝室」など、名前を知らない場所も多いものです。「隣」「向かい（正面）」「突き当り」「裏」「隅」「真ん中」などのことばを知らないこともあるので、合わせて確認しておきましょう。あるお子さんは、「隣」といえば「隣の席の子」と理解していたので、「隣の部屋は？」「リンゴの隣は？」と言われてもさっぱりわからない、ということがありました。

> 【出題例】
> 　リビングの隣の部屋はなんですか。（和室）
> 　2階にはどんな部屋がありますか。（お姉ちゃんの部屋）（僕の部屋）
> 　玄関を入って右側の部屋はなんですか。（リビング）
> 　掃除機はどこにありますか。（洗面所の棚の中）

③　地図の読み書き

　地図を読んだり書いたりする課題です。今は、携帯のアプリなどで便利にナビゲートしてくれますから、定型発達でも、地図を読んだり書いたりするスキルは失われていくのかもしれません。けれども、空間を紙面で表すこと、人にわかるように説明すること、人の説明を聞いてイメージすることなど、地図の学習は概念学習として大変効果があります。

　また、自分にとっての左右はわかっても、地図上で進行方向の左右はわからないこともあります。その場合はレゴなどのミニチュアの人形を用いて実際に動かしながら学習するとよいでしょう。

【出題例】

・地図を見て答えましょう

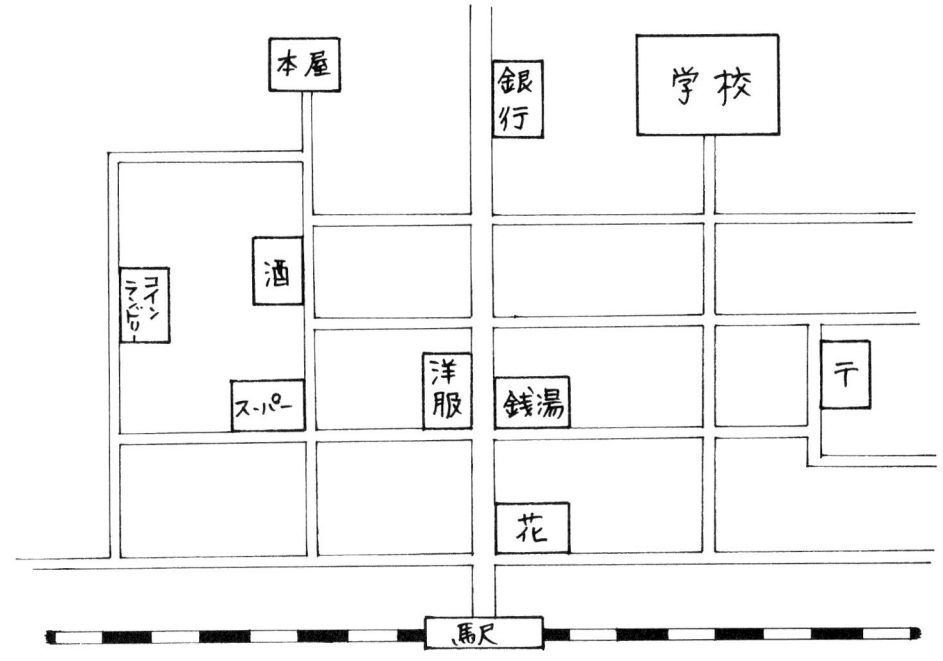

　駅を出て3つ目の四つ角を左に曲がり、次のT字路を左に曲がると何がありますか。（スーパー）

　駅からコインランドリーに行くには、（1）つめの四つ角を（左）に曲がり、（2）つめの角を（右）に曲がります。

　せんとうの向かいには何がありますか（洋服屋）

　学校からスーパーまでの道順を説明しなさい。

・あなたの家から学校までの地図を書きなさい。
・ここからお菓子屋さんまでの道順を先生にきいて、地図を書きましょう。
・西荻窪の駅から杉並教室までの道（コロロ通り）にあるお店を記入しましょう。

ステップ44　より抽象的な名詞の理解Ⅰ

ステップ45 より抽象的な名詞の理解 II
気象を表すことば：環境の変化への注目と身体の感覚

　外界の環境の変化や季節のうつろいを言語化し、意識させるための課題です。身体感覚の過敏や鈍麻などの特異性がみられる場合もあるので、子どもの感覚を確かめながら、学習を進めていくとよいでしょう。

気　象

　晴、曇、雨、雪など基本的な天気の命名を通して、環境の変化を意識させることがねらいです。

　自閉症児者と接していると、体温調節が難しいために外気温が上がると体温も上がって発熱してしまう、汗をかけない、体調を崩しやすいなど、自律神経系の不調がよく見られます。コロロでは幼児期から戸外歩行を一年中行ない、暑い日も雨の日も雪の日も歩きますが、このことは自律神経系の発達にも大きく寄与していると考えています。

　そして、こうした体の不調に自分では気づきにくい、ということが、当事者の手記などにおいてよく指摘されています。実際、親御さんとの面接においても、「雨が降っているのに傘をささずにずぶぬれになって歩いてしまった」「衣類の調節ができず汗をびっしょりかいていた」などという話をしばしば耳にします。環境の変化を意識しにくいだけではなく、彼ら特有の身体感覚や言語認知の問題もあるわけです。ですから、ある程度ことばと数字を用いて、実際の行動をパターニングすることが必要です。例えば、温度計の読み方を教え、25度以上だったら＝暑い＝半袖を着るというように教えるということです。

　このような、数字を使って感覚を教えるという方法は、数字に高い関心を示す子どもには有効であることが多く、例えば、あるお母さんは声の大きさの調整が難しい子に、テレビの音量ボタンを利用して、「5の声」「25の声」というように音の大きさを数字で教えることで、理解させることができました。

【出題例】
- 天気のマークを見て書きなさい　☀/☁（晴のち曇）
- 今日の天気を書きなさい（晴れ）
- 気温が25度です。暑いですか、寒いですか（暑い）
- ジャンバーを着るのはどんなときですか
　　（冬に外に出るとき、寒いとき、雪が降ったとき）
- どんな天気ですか
　　土砂降り（激しい雨）
　　小春日和（秋の終わりの、暖かないい天気）
　　霧雨　　（細かい雨）
　　台風　　（激しい雨風）

季節の問題

　都会では、季節を知らなくても生活していくことはできますが、四季、祝日、行事について知ることは、生活を豊かにし、周りの人と共に楽しむという視点からも必要なことです。四季の移ろいのある日本だからこそ、知っておいてほしい文化や感性があります。すべてわからなくてもよいので、そういうものがあることを知っておいてほしいと思います。情緒的な発達の一助となるでしょう。

　最初は、3月・4月・5月＝春というように教え、春の花（さくら、チューリップ、菜の花）、食べ物（タケノコ、山菜、イチゴ）、虫（チョウ）、気候（あたたかい）、行事（お花見、入学式、子どもの日）などを、実物や絵と結びつけながら教えましょう。1ヵ月ごとに問題を作って取り組むとよいでしょう。これまで学習してきたことを振り返る総合問題としても役立ちますので、季節ごとに欠かさず取り入れたい課題です。

【出題例】
- 秋に咲く花を3つ書きましょう（コスモス、きく、りんどう）
- さつまいもは何色ですか（あかむらさき）
- さつまいもを使った料理はなんですか（やきいも、スイートポテト）
- 紅葉とは何のことですか（秋になると葉っぱの色が変わること）

- もみじの葉っぱは、何色から何色に変わりますか ➡
    緑から赤に変わります。
- もみじの葉っぱはどんな形ですか。体の部分に例えて答えましょう ➡
    赤ちゃんの手みたいな形
- 秋の七草を覚えて書きましょう（記憶の学習としても効果があります）➡
    はぎ、ききょう、くず、ふじばかま、おみなえし、おばな、なでしこ
- お月見について答えましょう ➡
    お月見のときに飾る植物は（すすき）
    お月見のときに飾る食べ物は（月見だんご）
    お月見のときの月はどんな形ですか（まるい）
    三日月の絵を描きましょう。
- 説明しましょう ➡
    いわし雲（　　　　　　　　　　　　　　　　　　　　　）
    実りの秋（　　　　　　　　　　　　　　　　　　　　　）

　四季（冬、春、夏、秋）の月日、気象状況、木々の移り変わりなどにこだわっている高機能のお子さんがいました。ある年、4月の末に、季節はずれの大雪が降りました。最初は、「ちがうちがう」と怒っていました。お母さんに「例外」として、こういうこともあるのよ、とかなりしつこく教えられ、例外（異常気象）という特例があることが、どうにか認められました。この話をお母さんから事前にうかがっていたので、彼がコロロにやってきたとき、「4月になって暑い日もあったのに、雪が降りましたね。あなたは、そのことを、どう考えますか？」➡「もう、あきらめました」。初夏を思わせる暑い日が続いていたのに、突如降った雪に、彼は混乱状態でした。二度目に降った雪を目のあたりにして、彼は決まり（4月に雪は降らない、降ってはいけない）に抗うのを、やめたのでした。

ステップ46 より抽象的な名詞の理解Ⅲ
時を表すことば：時間・日付

　時計の学習は、時間の概念を生み出すための第1歩です。時計の課題には、「時刻」と「時間」の2つの概念があります。まずはじめは「時刻」の読みを徹底してマスターすることを狙いましょう。どの時計でも時刻が読め、生活の中で、「○時出発」「○分まで」など時計を使えるようになってきたら、本格的に「時間」の学習へと進めましょう。

時刻—時計を読む

1　～時ちょうどの短針を読み取る

① 短針のみ表示する

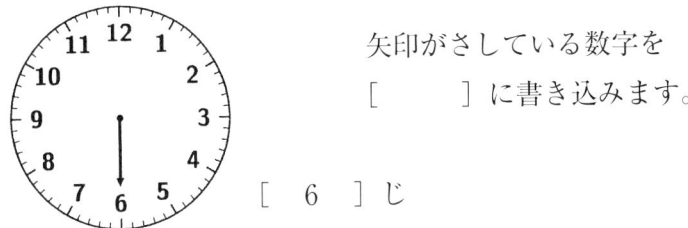

矢印がさしている数字を
[　　]に書き込みます。

[6] じ

② 長針を加える（○時ちょうどを読む）

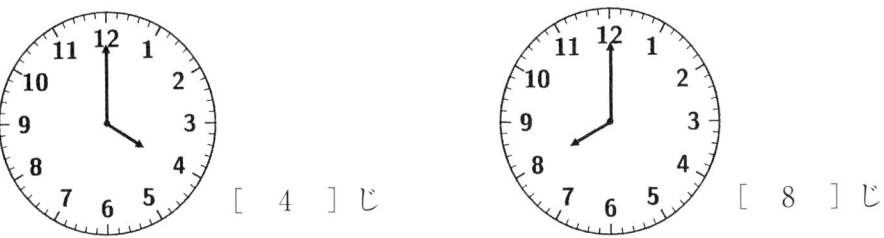

[4] じ　　　　　　[8] じ

＊この段階では、長針は「12」に固定し、短針のみ動かします。長針も動かすと、どちらに着目していいのかわからず混乱をまねくことがあります。長針を固定し、「○じ」の読みを繰り返し行なっていくと、短針から読むということがわか

りやすくなります。

2　長針の5とびの数え方を覚え、文字盤の数字の外側へ書き込む

① 5とびの数列を覚えましょう
- ❶ 5・10・15・20……55 の表を見ながらマス目に書き写す
- ❷ 5・10・15・20……55 の表を見ながら、
（ 5 ）−（ 10 ）−（ 15 ）−（ 20 ）……と順に書いていく
- ❸ 5とびの数列を暗記して書く

② 5とびの数列をイラストに書き込みましょう
- ❶ （　　）を埋めていく形で
- ❷ （　　）なし

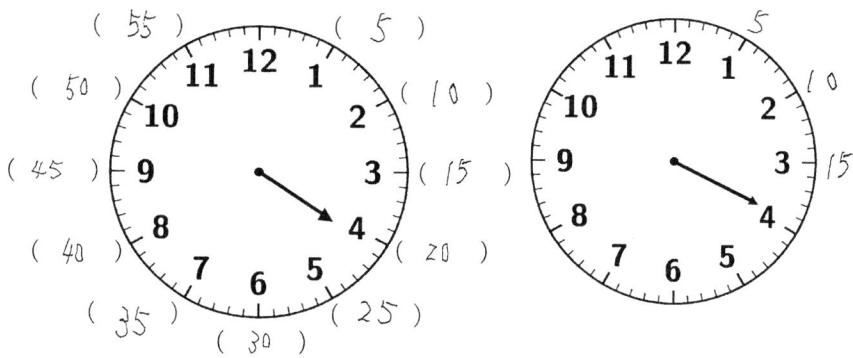

3　長針と短針を区別して読む

① （　　）なしで、文字盤の数字の横に書く

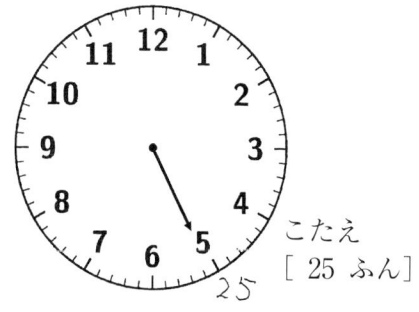

こたえ
[25 ふん]

＊5とびの数列書きとともに、数唱の練習もし、指さしながら「5・10・15・20……」と数えていきます。

② 長針と短針の表示を読む

必ず、短針から読むようにパターニングしましょう。

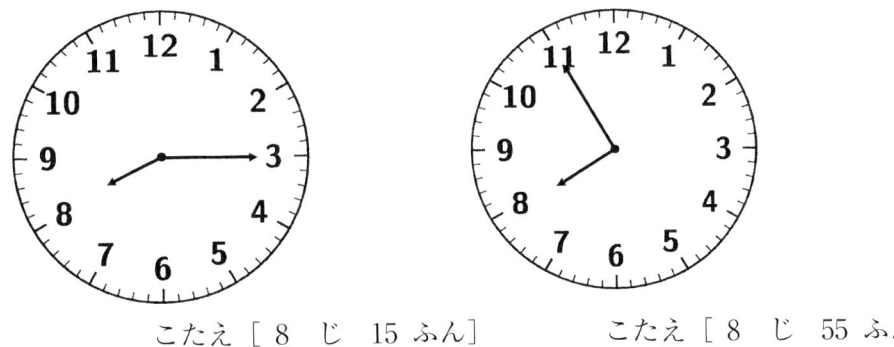

こたえ［ 8　じ　15　ふん］　　　　こたえ［ 8　じ　55　ふん］

＊実際の時計なら、短針は30分以降になると次の数の近くをさすものですが、この段階では混乱をまねかないよう、短針もちょうどの時刻と同じ位置に書いておきます。

【区別が難しいとき】

＊長針と短針が両方表示されていると、どちらから読んでいいのかわからず混乱することがあります。その場合は、次のように教え方を工夫してみましょう。

長針と短針の違いを視覚的にはっきりさせる

〈針の太さをかえる〉　　　　　〈針の色をかえる〉

 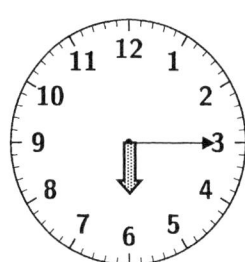

太い針や色づけした針（ここではアミ点で表示）から先によんでいくことをパターニングします。「長い」「短い」の区別ができる場合は、「短い」ほうからよむということを教えてもよいでしょう。

【応用：イラストに時刻を書き込む】

6時15分になるように短針と長針を書き込みましょう。

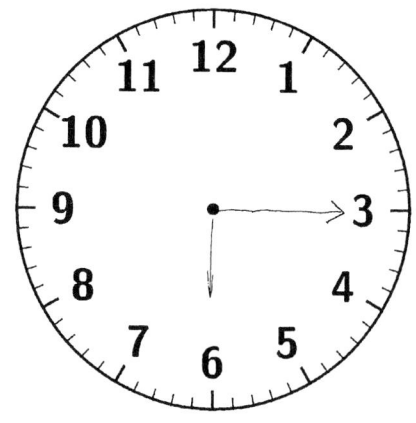

＊このときも必ず短針から書くようにしましょう。
　長針は、5とびの数列を書く・数唱するなど、子どもに合わせた方法で数えるようにしましょう。

4　1分刻みで読む

【長針で1分きざみの時刻を読む前に】

・1分きざみの読みに入る前に、5とびの数唱を使った数直線の読み方を練習しましょう。

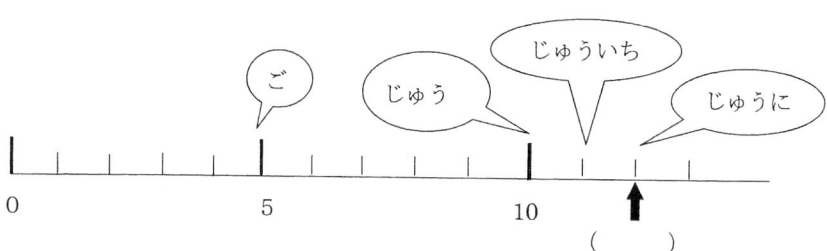

・めもりの向きをかえても読めるようにしましょう。

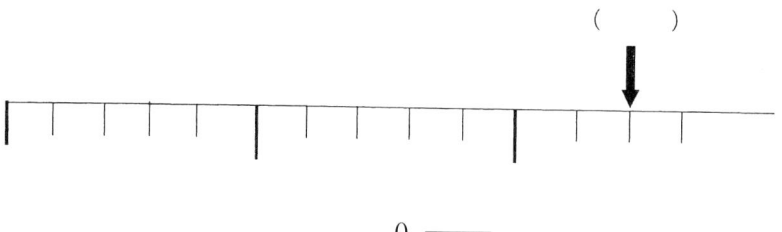

・めもりがたてでも読めるようにしましょう

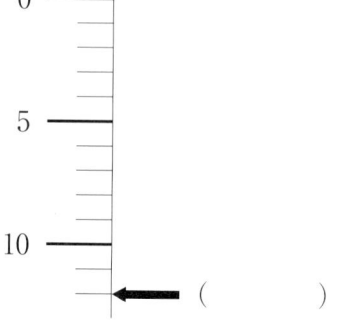

【長針で1分きざみの時刻を読む】
① まず長針のみで練習しましょう。

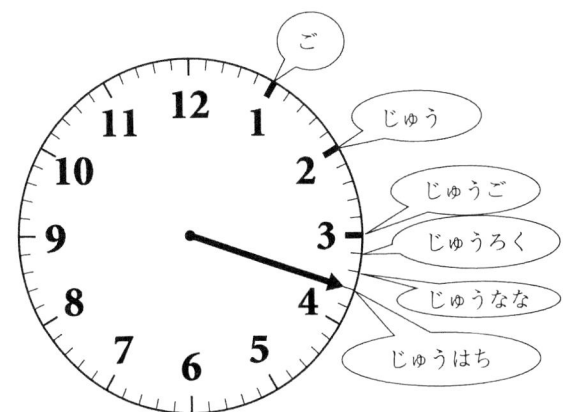

❶ はじめは、左図のように長針がさしている手前の（5とびの）数までめもりを太くしておきます。
❷ 長針がさしている手前の数まで5とびで読んでいきます。
❸ つぎに「16・17・18」と1分きざみで読みます。

こたえ　（ 18 ）　ふん

＊この形で読めるようになってきたら、めもりを太くしなくても読めるように進めていきましょう。

② 長針の読みができるようになったら、短針も入れて読みましょう。

❶ 短針を読む
❷ 長針を読む→ご・じゅう・じゅうご・にじゅう・にじゅういち・にじゅうに・にじゅうさん

こたえ　（　　）じ（　　）ふん

【実際の時計を読むためのスモールステップアップ】
　長針の動きとともに、短針が次の時刻の数に近い位置をさすようになると、短針を正しく読み取ることが難しくなります。実際の時計の読みに入る前に、短針が数と数の間をさしているときの読み方をマスターしておきましょう。
　まず、絵に描かれた時計で学習をします。

ステップ46　より抽象的な名詞の理解Ⅲ

5　微妙な位置の短針を読む

①えんぴつで短針をなぞって線をひき、手前の数字をかこみます。

こたえ（　　　）じ

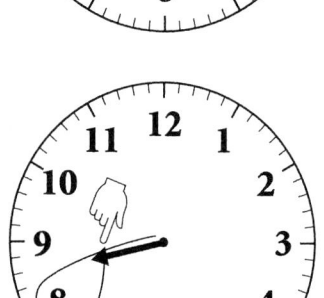

②手前の数字を読むことがわかってきたら、指でなぞって読みましょう。

最終的には、いちいちなぞらなくても読めるようにします。

こたえ（　　　）じ

③長針とあわせて読んでいきましょう。
- ❶　短針を読む
- ❷　長針→1分きざみで読む

こたえ（　　　）じ（　　　）ふん

6　実物の時計を読む

【実際の時計の時刻を読む】

　時計にはさまざまな表示のものがありますが、はじめは1分きざみのめもりがはっきりしている時計を使いましょう。1つの時計で読めるようになったら、目覚まし時計や腕時計などいろいろな時計の読みへと進めていきましょう。

　腕時計も机上に置いて読むことから始め、次に自分がはめている腕時計を読む、他の人がはめている腕時計を読むなど、場面を変えても読めるようにしていきま

しょう。

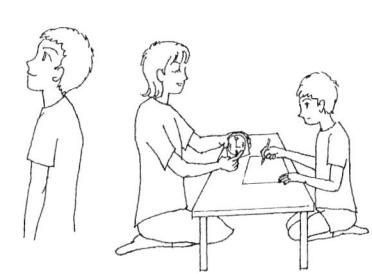

実際の時計も、はじめは机上で学習しましょう。
机上で読めるようになったら、
・顔を上げた目線の高さの壁に
・柱の上のほうに
と徐々に距離を離しても読めるようにしていきます。

時　間

時間の学習は、時刻（時計の読み方）との混乱を避けるため、時刻の学習後半年〜1年くらいは間隔をあけてとりかかりましょう。日常生活の中で、壁にかかった時計を正確に読むことができ、「3時になったら食べます」「5時まででおわり」などの指示が少しわかるようになってきた頃が、時間の学習の始めどきです。

1　○分間、○時間などの間隔を読み取ることができる

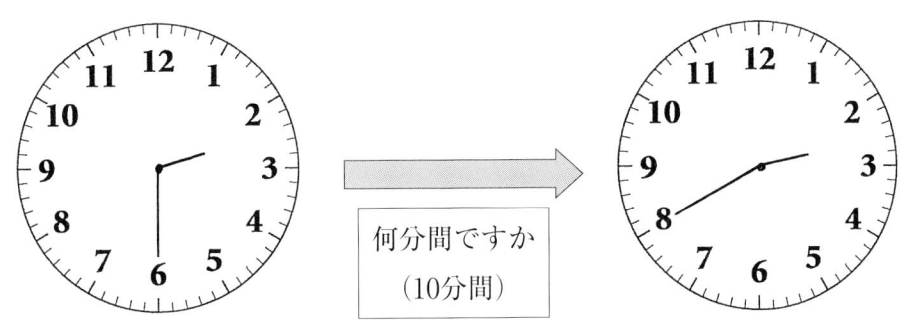

2　基準時から○分後（○分前）、○時間後（○時間前）など数えることができる

今、何時何分ですか（　　　　　）
10分後は　　　　（　　　　　）

ステップ46　より抽象的な名詞の理解Ⅲ

最初は「2時30分の20分後は？（2時50分）」などの時をまたがないものを中心に行ない、○分後と○分前の区別ができるようにします。紙面での理解が難しい場合は、手元で針を動かせる練習用の時計を用意するとよいでしょう。できたら、「2時30分の40分後は？（3時10分）」など、時をまたぐものも実物の時計で針の動きを確認しながら学習しましょう。

3　文章問題に答える

　○分前・後が時計を見て判断できるようになったら、時間に関する文章問題へと進めましょう。文章だけではわかりづらい場合は、練習用の時計を使用して、操作しながら考えさせましょう。

【出題例】

今、10時25分です。30分間　勉強したら　何時何分になりますか。

　　式_____　答え（　　　　　　）

レストランに　12時15分に着きました。40分間　ご飯を食べたら　何時何分になりますか。

　　式_____　答え（　　　　　　）

今、1時40分です。15分前から勉強をしています。何時何分から　勉強していますか。

　　式_____　答え（　　　　　　）

今、5時30分です。5時45分までゲームをします。何分間ゲームをしますか。

　　式_____　答え（　　　　　　）

4　実生活の中で時間に合わせて行動することができる。

　基本的な時計の読みができたら、○秒間、○分間、○時間、○秒前（後）、○分前

（後）、○時間前（後）などの時間間隔を学習します。○日前、○週前、○年前などの幅広い時間間隔よりは、イメージしやすく、○秒間ポーズを決める、○分まで○○する、など、時間の感覚をつかみやすいためです。

また午前、午後、正午などのことばや単位の変換についても学習しておきましょう。

　　1分＝（60）秒
　　1時間＝（60）分
　　90分＝（1時間30分）
　　1日＝（24時間）
　　午後8時＝（20時）
　　1週間＝（7日）
　　1年＝（365日）

【こだわりにならないように注意を】
　時間の学習の手がかりとして、さまざまな器具が開発されています。信号待ちのときに目にする、メモリの点灯が減っていくことで待ち時間がわかるシステムは、待つことのイライラを軽減してくれます。時間の概念がわかっている定型発達の人でさえそのような効果があるのです。
　けれども、すべての信号にそのような手がかりがあるわけではありません。停電になれば、信号が点灯しないことさえあります。ですから、時間の感覚がわからなくても、周りを見て少し待つとか、今は大丈夫と判断して行動するなどのスキルは不可欠です。これは、自分の予期せぬ場面への適応力、または耐性とも言い換えられるでしょう。時間の概念をはじめ、さまざまな概念を増やすことはとても重要ですが、一方で、混沌とした状況への耐性をつけることも、生きる力として欠かせないものです。
　時計が読めるようになると、決めた時間通りに行動することにこだわりを示す子どももいます。適応力を養うためには、指定された時間通りに始まらないこともある、予定には延長や延期、中止や変更がある、ということを並行して教えていきましょう。
　入所施設瑞学園にいる高機能的自閉症者のO氏は、午後6時のニュースを見ることがこだわりになっていました。学園の夕食は6時からと決まっていますが、少し遅れることもあります。夕食開始とニュース時間がマッチングしていないと、O氏は大パ

ニックです。瑞学園では毎年3泊4日の海外旅行に出掛けます。旅行先のホテルでも、夕食はたいがい午後6時です。食堂にテレビも設置されていましたが、ニュースを見たい要求は全くありませんでした。しかし、帰国した4日後、園についたのは午後6時を少し過ぎていました。玄関を入るや否や、6時のニュースが見られないと、O氏は大騒ぎになりました。旅行中6時のニュースなど関係なく過ごせたのに、なぜなのでしょうか？

　読者の皆様はこの"なぜ"にお気づきのことと思います。

　コロロの教室午後の部に通うI君は、お迎えの午後5時近くに、母親の姿が外にみえないと、大そう不安になります。5時丁度にみえれば、不安は解消しますが、少しでも遅れると大パニック。妹（保育園）の迎えや、夕食の買物で大わらわ。母親はよく遅刻（それも2～3分遅れの）します。そのたび大騒ぎです。コロロスタッフは5時近くになると4時半に時計の針を戻してしまいました。それで、万事解消です。

　このやり方が百点満点というわけではありません。しかし自閉症の本態を知っていただく好例と思われるので紹介しました。

日付と曜日

　カレンダーに大変強い関心を示すお子さんは多く、10年前の行事の日付を曜日まで正確に覚えていることもよくあります。一方で記憶を時系列で整理することは難しい面があるようです。過去のことはすべて昨日になったり、随分前のことをまるで今あったことのように話したりします。アスペルガー症候群の当事者であるニキリンコさんは著書『俺ルール！　自閉は急に止まれない』（花風社）の中で、「私の記憶はもともと順不同の静止画像の集積なのだ」と述べています。

　まずは、カレンダーを手掛かりにして、昨日・今日・明日・明後日・おととい、今週・先週・来週、去年・今年・来年、1週間、1ヵ月、1年、何日間（前、後）などのことばを教えます。それから、実際の行為と結び付けていくわけですが、これにはステップ42の日記や、撮っておいた写真を活用することで、視覚的なイメージと日付を結び付けていく作業が必要です。

1　曜日の順序を覚えましょう

日	月	火	水	木	金	土

月	火	水	木	金	土	日

はじめは、お手本を見ながら書き写します。

2　印のついている月日を読みましょう

カレンダーに○をつけ、その日の月・日・曜日を書いていきます。
異なった月のカレンダーでも取り組んでみましょう。
イラストなどが少ないシンプルなカレンダーの方がわかりやすいでしょう。

1						
日	月	火	水	木	金	土
						1
2	3	4	5	6	7	8
9	10	11	12	13	⑭	15
16	17	18	19	20	21	22
23	24	25	26	27	28	29
30	31					

(　　月　　　日　　　ようび)

3　「きのう」「きょう」「あした」の順序を覚えましょう

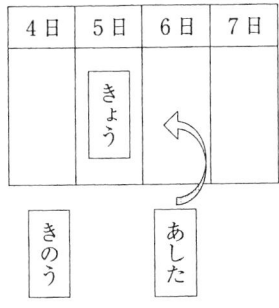

カードを使用するとわかり
やすいでしょう。

ステップ46　より抽象的な名詞の理解Ⅲ

定着してきたら、順序を変えていきます。(きょうを基準に置く→明日のカードを置く→きのうのカードを置く／基準日を変える)

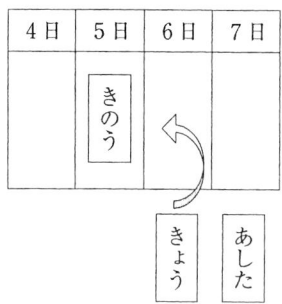

基準日をきのうに変える

4　カードを使用せずに、(　)に書き込みましょう

5　カレンダーを見ながら、きのう、きょう、あしたの質問に答えましょう

はじめは、カードをおいてから(　)に答えをかきましょう。

| きょうは12月10日です。 |
| あしたは(　　　　) |
| きのうは(　　　　) |

週をまたぐ場合も、カードを使うとわかりやすいでしょう。

			12			
日	月	火	水	木	金	土
					1	2	3
4	5	6	7	8	9 きのう	10 きょう
11 あした	12	13	14	15	16	17
18	19	20	21	22	23	24
25	26	27	28	29	30	31

カードやカレンダーをみなくても質問に答えられるようにしましょう。

- きょうは金曜日です。
  - あしたは（　　　　　　　）
  - きのうは（　　　　　　　）
- きょうは12月10日です。
  - あしたは（　　　　　　　）
  - きのうは（　　　　　　　）
- きのうは11月25日です。
  - きょうは（　　　　　　　）
  - あしたは（　　　　　　　）
- きょうは1月7日です。
  - 1月8日は（　　　　　　　）
  - 1月6日は（　　　　　　　）

6　実生活の中で聞いてみましょう

　カレンダーの上で、きのう、きょう、あしたが判断できるようになっても、実際の生活と結びつけるのは、なかなか難しいものです。そのため、給食や時間割り、テレビ番組、スイミングの日など印象的で覚えていることを利用して取り組むとよいでしょう。

給食でカレーをたべたのは
　　　　　　　（　きょう　）

給食でパンをたべたのは
　　　　　　　（　きのう　）

コロロにいくのは
　　　　　　　（　きょう　）

ハイキングにいくのは
　　　　　　　（　あした　）

7　チャレンジ！　こんなこともできるかな？

- 読み方を書きましょう。
  1月8日（　　　）がつ（　　　）
- （　ことし　）は平成23年です。
  （　らいねん　）は平成24年です。
- 来年の4月には何年生になりますか。
  （　　　　）年生
- カレンダーを使って…
  今週の水曜日に○をつけましょう。
  来週の金曜日に×をつけましょう。
  先月の21日は何曜日ですか。
  （　　　　）曜日

- 日付の読み方を覚えよう

　　1日（ついたち）から10日（とうか）、20日（はつか）など日にちの読み方を覚えましょう。

　　プリント上で書くようにするとよいでしょう。

- 「先週・今週・来週」「先月・今月・来月」「去年・今年・来年」のような時を表わすことばを覚えよう。

ステップ46　より抽象的な名詞の理解Ⅲ

コラム12
1時間の自習態勢を

　ステップ22（新発語プログラム①）で自習態勢づくりの必要性を述べましたが、学習が進んでいくにつれ自習をするスキルはさらに重要となり、将来の社会生活においても欠かせないものです。自閉症児は集中持続が難しいことが多く、他者からの働きかけがないと常同行動がでたりぼんやりしたりして、すぐに意識レベルが下がってしまいます。この意識レベルの低下を最小限にし、常に頭を使っている状態を保てるようにするために、「自習行動」を獲得させていきましょう。

　また、対面する人や環境によって課題への集中度が異なるという反応格差の問題がみられることがよくあります。さらに、クレーン現象といって、お母さんが少しでも触れていれば作文を書くこともできるのに、触れていないと全く字を書けない、というようなことも起こります。ですから、できるようになった問題は、「いつでもどこでもだれとでも」自習でできるということを目指していただきたいと思います。

1　自習問題の選定方法
　自分で少し考えればできるレベルのものがよいでしょう。簡単すぎては学習というより作業的になりやすいので、「少し、ことばで考えてできるレベル」であることが必要です。逆に、難しすぎる問題は、途切れをひどくしたり間違った解き方の癖をつけてしまいがちです。

2　持続時間
　時間はタイマーなどを活用し、見通しが立てやすいようにして5分ぐらいから始めますが、ゆくゆくは1時間続けてできるようにしましょう。1時間くらいはできないと他の場面での応用力はつきません。家でお留守番をしながら計画通りに学習をする、学校でどうしてもついていけない授業の間にお母さんがノートに作った問題を自習で行なう、また、病院の待合室で静かに自習させるなどは、適応力を高めるためのよい訓練となります。
　ただし、いきなり1人でさせるのではなく、大人（指導者）との距離を少しずつ離していくとよいでしょう。
　① 目の前に座っている
　② 背後に座っている
　③ 同室内で別の仕事をしている
　④ 別室にいて、時々そっと様子を見に来る
　途切れが頻繁に起こるようなら、①②をやり直したり、教材を変えたりして、途切れずひとりでできるよう工夫を重ねましょう。

3　自習をするためのスキル
・わからない問題は飛ばして、あとでまとめて指導者に質問する
　（一つひとつ聞かないと次へ進めない子の場合）
・一通りやったら見直して、できなかったところをもう一度考える
　（とりあえず速く終わらせたくて雑になりやすい子へ）
・人に答え合わせをしてもらって、×がついても怒らないでいられる
　（間違うのが嫌な子へ）
・時間がかかりすぎる場合は、目標時間を決めてタイマーをかけて取り組む
・自分で答え合わせをする
などがあります。子どもの問題に応じて、自習スキルを教えましょう。

【自習課題の例】
◆問題の例
　・計算を15分間でしなさい
　・漢字をきれいに50コ書きなさい
　・ひらがなをカタカナに変えなさい
　・絵を描きなさい（例1）
　・部屋の中にある物を全部書きなさい
　・絵本を1冊（〜ページ）かき写しなさい
　・電話帳を1ページ書き写しなさい
　・歌詞を書きなさい（例2）
　・今日したことを書きなさい（例3）

（例1）トラック／じてんしゃ　りんご／みかん／ぶどう　バス
（例2）アンパンマンのうた　こいのぼりのうた

きょうしたこと
8時（　　　）
10時（　　　）
12時（　　　）

（例3）時間をかいておく

◆ことばの問題
　カードをみながら書きなさい
　　　表　　　　　ウラ
　　えんぴつ　　じをかくもの

20枚くらい束ねておく

えんぴつはじをかくものです

カードをめくりながらかく

カードを読んで答を書きなさい

ながい　　　（反対ことばなど）

1. みじかい
2.

◆作文を1ページ書きなさい（自分の気持ちを必ず書きなさい　30分以内）

◆書いてある通りに縄跳びをしましょう。

> ① 前とび　100回
> ② 後とび　50回
> ③ あやとび　50回
> ④ 片足とび　50回
> ⑤ 二段跳び　20回
> 全部終わったらお母さんに言います

　高機能レベルの人でも、自習がなかなかできません。一方就労支援の場では商品の袋詰めとかパネルの型はめとか、私たちがやると10分間くらいでへきえきする作業を、何の苦もなく楽々と、2〜3時間も続けて従事していられます。これは、どういうことでしょうか？　自習とはいえ、課題設問は一つひとつ考えながら、注意力を集中して取り組まないと、正答を出せないからなのです。作業は、単純課題ですから1つのパターンで、延々とやっていれば正答なのです。だから得意中の得意なわけです。発達障害児者の行動特性が、ここでもおわかりになったことと思います。

　第4章ステップ41の絵画でもふれましたが、細部を正確に描くような描画でも、同じパターンの絵ばかり描かせるのは好ましいことではありません。商品の制作でも同じで、精密な部分を、かなり複雑な工程を経て、ひとりで完遂するとしても、同じパターンの作業ばかりに没頭するのは、好ましくありません。同じパターンはある程度やったら崩し、新しいパターンを入れていくこと。即ち頭を使わせる工程が、療育という視点では最も重要なわけです。

ステップ47 上位概念の理解

　幼児の発達過程においては、犬を見ても猫を見てもすべて「わんわん」という段階から、犬と猫の区別がつき、さらに犬の中でもコリーと柴犬の区別がつく、というようにして語彙が増え、概念が深まっていきます。

　ところが、自閉症児は最初に入ったことばから、なかなか次の概念発達につながっていきにくいという特性があります。「いぬ」「ねこ」「ライオン」と一つひとつの命名ができるようになっても、いつまでたってもそれらを「動物」という上位概念でくくることが難しいというようなことです。個人差も大きく、鳥は全部カラスになるお子さんもいれば、図鑑にある虫の名前はすべて覚えているというお子さんもいます。

　上位概念はより抽象性が高いといえますが、私たちはこういうことばを知らず知らずのうちに理解しています。しかし、自閉症児においては、こうしたことばもまた一つひとつ教えていく必要があります。コロロでは自閉症は言語認知障害であると捉えていますが、このような課題を行なうと、その特性が顕著に表れます。「絵を描いてね」といったら「え」という字を書いてしまった、ひらがなもカタカナも書けるのに、「カタカナ」ということばがわかっていなかったために「カタカナで書いてね」と言われても書けなかった、家族の名前はすべてわかっているのに、「家族」ということばがわかっていなかった、など何気なく使っていることばが意外とわかっていないことが多いものです。

　抽象名詞の課題においては、色、味などの属性を表す基本的なことばに加え、場所、音、天気、生物、家族、自然など、より抽象的な属性のことばが表す内容を説明できることを目標にします。認知障害にとって抽象的属性は、概念の海なのです。

【出題例】「抽象名詞」
・何をあらわすことばですか。
　晴れ　くもり　雨　雪　（天気）

```
    冷たい　暑い　すずしい　温かい　（温度）
    たのしい　うれしい　かなしい　こわい　（気持ち、感情）


・どんなことばがありますか。
    仕事（警察官）（医者）（運転手）（サラリーマン）
    家族（お父さん）（お母さん）（ぼく）（妹）
    場所（学校）（家）（駅）（スーパー）
    自然（森）（川）（山）（海）


・カタカナでかを書きましょう　（カ）
    漢字でかを書きましょう　　　（蚊）
```

・教えておきたいことば

```
食器、文房具、楽器、家族、親せき、場所、職業（仕事）、色、味、図形（形）、
季節、天気（温度、風、）、音、におい、行事、方向、日付、時間、自然、都会、
いなか、大人、男女（性別）、年齢（大人、子ども、お年寄り）、友達、動作、名
前（苗字）、服装（洋服・衣類）、生き物、植物、表情、夢、趣味、特技、心（気
持ち）
```

『自閉症児のことばの学習』（コロロ発達療育センター）より抜粋

・数詞
カテゴリーわけができてきたら、数詞の使用方法も確認しておきましょう。
文章題や会話の中で、使用頻度の高いものは覚えておくとよいでしょう。

```
    どのように数えますか。
        ハトが3（羽）
        犬が5（匹）
        車が3（台）
    どんなものがありますか
        本　と数えるもの（鉛筆）（棒）（柱）
        頭　と数えるもの（ぞう）（ライオン）（牛）
```

ステップ48 物事の説明
複数の要素を挙げて説明する（1対1対応からの脱却）

　覚えたことばについては、物を見て命名できるだけでなく、複数の要素を挙げることができるようにします。

　ステップ35の質問文で取り組んだ「物の用途・場所と目的・人と職業」などの課題では、「鉛筆は―字を書くもの」「お医者さんは―病気を治す人」と1対1のパターニングで説明文を覚えることが中心でした。しかし、この段階になったら1対1のパターンを卒業して、複数の要素を挙げられるようにしていきます。

複数の要素を挙げる

これまで学習してきた質問文に対して3つ以上の答えを書けるようにします。

【出題例】

字を書くときに使うものを3つ書きなさい
　　　　　　（鉛筆）（シャープペンシル）（ボールペン）

お風呂ですることを3つ書きましょう
　　　　　　（体を洗う）（頭を洗う）（シャワーを浴びる）

お医者さんはどんなお仕事をする人ですか
　　　　　　（病気を治す）（注射をする）（診察をする）

説明する

　さらに、どのようなものか、複数の要素を挙げて説明することができるようにしていきます。最初は、色や形や味など具体的な要素で説明しやすい果物や動物などから始め、さらに家電や日用品、家具や季節のもの、場所や人などへと幅を広げていきます。さらに、スポーツや遊び、季節の行事など、より抽象的な事柄に関しても説明できるようにしていきます。

まず、何もヒントを出さずに書かせてみて、文章力のチェックをすることが大切です。次に、書くべき要素に関する質問に答えさせます。そして、その要素を組み入れた文章を書きます。口頭でも説明できるようにしましょう。

・3～4要素での説明

りんごは（あかくて、まるくて甘酸っぱいくだものです）

カラスは（くろくて、かあかあなく鳥です）

鉛筆は（細長くて、字を書くときに使う文房具です）

包丁は（台所にあって、野菜を切るときに使う調理具です）

クリスマスツリーは（クリスマスに、星やお菓子を飾る、もみの木です）

小学校は（6歳から12歳までの子どもが、勉強するために通うところです）

洋子さんは（4年生で、髪が長くて、優しい女の子です）

サッカーは（11人で行なう、ボールをけって、ゴールに入れるスポーツです）

より長い文での説明に発展させるには、最初にいくつかの質問に答えてから、それを1文にまとめる、という手順を踏むとよいでしょう。

【出題例】

・家電製品での説明

冷蔵庫

① 冷蔵庫はどこにありますか。（台所）

② 冷蔵庫は何製品ですか（家電製品）

③ 冷蔵庫は何をするものですか。（食べ物を冷やすものです）

④ どんなものを入れますか（肉や魚を入れます）

⑤ 冷蔵庫のドアを長い時間開けているとどうなりますか。
　（中の物がくさってしまいます）

⑥ 冷蔵庫を開けるとき、どんなことに注意をしますか。
　（開けたらすぐに閉めます）

冷蔵庫について、説明しましょう。

　<u>台所にある家電製品で、肉や魚などの食べ物を、冷やして腐らないようにするためのものです。</u>

・ルールの説明
　野球
　① チームは何人ですか。（9人）
　② ポジションの名前を書きなさい（ピッチャー、キャッチャー……）
　③ ピッチャーは何をする人ですか。（球を投げる人）
　④ どうすると点が入りますか。
　　（打って、ベースをまわって、ホームベースに戻ってきたら点が入ります。）
　野球について、説明しましょう。

・人の説明
　お母さんはどんな服を着ていますか。服の名前、色、素材、袖の長さ、模様などを詳しく書きましょう。

　この課題を逆パターンにして、なぞなぞのように出題するのも、文を読み取って思考するためのよい練習になりますので、パターン崩しとして取り入れていくとよいでしょう。

【出題例】
（プリントで）
髪が短くて、赤い服を着ている女の子はだれですか（山田さん）
白くて首が細くてきれいな鳥はなんですか（白鳥）
　　　　↓
（口頭で）
「赤くて丸くてすっぱい食べ物は何ですか」「うめぼし」
「台所にあって、おかずを温めるときに使う家電製品は」「電子レンジ」

　プリント形式で答えることができたら、口頭でもできるようにします。視覚優位の傾向が強いお子さんは、この手順を踏むことで、口頭で聞かれたときも文字イメージを思い浮かべて思考することができるようになります。
　質問文の長さは、お子さんの聞き取れる容量により異なります。2要素くらいの質問なら聞き取って答えられるけれど、3要素の質問だと真ん中の要素がぬけてしまう

など、お子さんの傾向がわかります。課題は、今現在の許容範囲よりも少しだけ高いところを設定します。

違いを説明する

　同じところ、違うところを説明するというのはとても難しい課題です。共通項を見つけるということが難しいですし、違うということが分かっていても、何が違うのかを説明することがわかりにくいのです。ステップ47の上位概念の学習を済ませていたら、このような課題にチャレンジしてもよいでしょう。

【出題例】
みかんとリンゴ　同じところ（どちらも果物）　違うところ（色が違う）
車とバス　　　　同じところ（どちらも乗物）　違うところ（バスはたくさんの
　　　　　　　　　　　　　　　　　　　　　　　　　　　　人が乗れる）

　全国各地で、高機能広汎性発達障害者の犯罪報道が、あとを断ちません。「誰でもよいから人を殺したかった」と、事後に述懐される彼らのロジックは、パターンに陥り強迫的に迫られて、そこから抜け出せなくなった終着の、いわばこだわり地獄駅に行き着いた先です。こうした状態を防ぐためには、一にも二にもパターン崩しのための学習（概念学習）を日々行なっていることが必要です。このステップの学習を進めるころから大人はそのことを頭の片隅に入れておいていただきたいと思います。

ステップ49 動詞の語彙を増やし、ボディイメージを高める

　近年、自閉症の当事者の手記などにおいて、ボディイメージの曖昧さや身体のコントロールの難しさが報告されています。体の部位を命名することにより、語彙を増やすだけでなく、ボディイメージを明確にし、身体部位の機能分化が促進されることをねらいます。

体の部位の命名

① 基本的な体の部位に加えて、足の中でも、もも／ふくらはぎ／足首といったより細かい部位の区別ができること
② 自分だけでなく、他者の身体部位や、人間以外の物（くちばし、ひれ、前足、とさか、けづめなど）も命名できる。
③ 指定された体の部位を動かすことができる。
④ 胃、心臓など内臓や骨格筋の命名ができる。

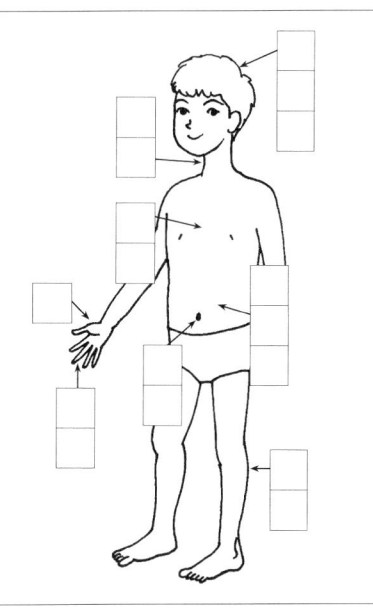

【出題例】

イラストの ☐ を埋めましょう。

人形の背中に触りましょう。

右手の親指と左手の薬指を立てましょう。

左の足首を回しましょう。

体のどこを使いますか。
　走る（足）　音楽を聴く（耳）

口ですることを3つかきましょう。
　（話す）（食べる）（なめる）

体のどこにつけますか。
　ネックレス（首）　腕時計（手首）　手袋（手）

動詞の語彙を増やす

ステップ24で初歩的な動詞の学習をしていますが、より細かく複雑な動きを表すことばも学習していきます。

基本的な方法は、語彙を増やすときと同じです。動作をしている絵や写真を見て文を書く、言うなどの学習から始め、実際の動作をみて命名する、言われた動作を自分で行なうなど、どの方向からもできるようにしていきます。

この段階で教えたいことばの一例です。

> 手の動作：集める、押さえる、こする、さわる、つかむ、つまむ、なでる、のばすなど
> 足の動作：またぐ、こぐ、しゃがむ、とじる、ひらく、すべる、おいこすなど
> 全身の動作：あおむけになる、うつぶせになる、せおう、よける、うずくまるなど

『自閉症児のことばの学習』（コロロ発達療育センター）より抜粋

身体部位の名称は、この段階まで学習を進めてきた発達障害児でも、自分のからだのみと直結します。その感覚認識は、そこが傷ついて痛かったり、虫に刺されて掻(かゆ)かったりしたときに気づきます。相手・他者の身体部位とは結びつきにくいのです。犯罪を行なった高機能広汎性発達障害者が、手記の中で幼児の体を痛めつけ、「痛がる様子に快感を覚え、その子と一緒に生きている実感を得た」と書いていました。他者との関係が極めて希薄ですから「お母さんの頭が痛い」「○○ちゃんの手が掻(かゆ)い」と言うような使い方を、あえて教えていく必要があるからです。

お母さんの実践報告
－こうして身につけた新しいことば（郡山教室　高島陽子）－

　足をぶつけて痛がっているときに、「それが『痛い』というのだよ」と初めて教えた日から約3年がたちます。そのときから現在まで、動作や行動の文章化に向けて取り組んできたことを振り返ってみます。

ことばを教える

|冷たい―熱い／涼しい―暑い／重い―軽い|

・氷を手のひらにのせて「冷たい」
・熱いスープを少し飲ませて「熱い」
・かなり重いかばんを持たせて「重い」
・暑いとき、扇風機の風を送って「涼しい」

　こんなふうに実際に感じさせ、体験させて教えてきました。やり方は第一段階（コロロメソッドの最初期）と全く同じマッチングです。このときの教材は氷であり、重いかばんです。そして、冷たい氷と熱いスープ、重いかばんと軽いかばん……などと対比させて教えるとわかりやすいようでした。その前に、公文の「反対ことばカード」で対になることばを覚えていたのもよかったようです。

　「涼しい」は、秋になりだんだんと涼しくなったときに教えるよりも、真夏に本当に暑くて汗をかいているときに、サアッと風を送って「涼しい」と実感させた方が有効でした。

|振　る|

　覚えたことば、わかっているであろうことば（これがなかなかクセモノ）は本当に理解しているのか、チェックが必要です。ある場面で「手を振って」と促してみました。こちらの意図は、「バイバイと、手を振ってください」でした（さようならのシーンです）。

　ところが、息子はその場で「行進のように、手を振って足踏み」をしたのです。確かに両方とも「手を振る」です。DR（ダイナミックリズム）なら「手を振って」と言われたら、「手を振って歩く」が正解。

　さあ、学習の開始です。

＊振るものに○をつけましょう。

手（○）	ラッパ（×）	つくえ（×）
旗（○）	古本（×）	すず（○）
シヤカシヤカポテト（○）	雨（×）	

どちらも「手を振る」

ステップ49　動詞の語彙を増やし、ボディイメージを高める

＊次の動作をしてください。

- 頭を「いいえ」と振ってください。
- 首を「はい」とたてに振ってください。
- おしりを振ってください。
- 手を洗ったあと、ハンカチで手をふかないで手を振ってください。(手ふり水)

　この問題はどういう動作なのか理解して、正しく体を動かせるか、わかって→できる、が要求されます。

＊いいですか、悪いですか（判断学習）

- 運動会で旗を振って応援してもいいですか。(はい、いいです)
- 金魚鉢を振ってもいいですか。
  (いいえ悪いです。水がこぼれるからです)
- 料理のときドレッシングを振ってもいいですか。(はい、いいです)
- コーラを振ってもいいですか。
  (いいえ悪いです。炭酸は振りません)

＊いじわる問題（振るべきでないものを振らせてみる。どうやるのかな？）

- 下じきを振ってください。
- 座ぶとんを振ってください。
- 足を振ってください。
- 冷蔵庫を振ってください。（「冷蔵庫は振れません」が正解）

パターンくずし

　「振る」から少し話が逸れますが、こんなパターンくずしもやりました。
【げんかんは→くつをはくところ】
　これがしっかりパターニングされていたら、くつをはく以外のことをさせてみます。

- げんかんに行って外灯をつけてくる。
- げんかんから新聞・手紙をとってくる。
- げんかんそうじをする。

　次は、およそげんかんではしないことをさせてみます。

- げんかんに行って手を3回たたいてくる。
- げんかんで歯をみがく。
- げんかんで音読をする。

げんかん以外でも、さまざまな場面で、「トイレに行ったけど、おしっこをしないで花を飾ってきて」「洗面所に行ってタオルだけとってくる」など、いつもと違う指示を出すことを心がけてやらせました。こういう練習を日常的にやっていると、げんかんで普通にくつをはくときでも「くつをはいていいのかな？」―と目線でうかがってくるようになりました。そこで、「くつをはきましょう」と言ってやります。目線でもよいです。げんかんでは→くつをはくという条件反射から、判断して行動するように組み替えてやるのです。ここまでくると、運動会のときに旗があったら勝手に振ってしまうとか、台所のドレッシングを見ると振らずにいられない、ということがなくなってきます。旗やドレッシングは振ってもよいものだけど、「今は何をするのかな？」「振ってもいいのかな？」と、ちょっとあたりの空気をうかがってほしいのです。

「振る」ということばと動作を教えることが、ここまで発展しました。

ところで、「フレーフレーあかぐみ」「○○を棒に振る」「彼女に振られる」とは、いったい何を振るのでしょうね……。日本語は奥が深いと思います。

息子は、日常生活に不自由がないくらいの会話はするようになりました。目の前に見えていないものや過去・未来のことも思い浮かべて言えるようにもなってきました。それでも本当に、ことばがわかっているとは言えないのです。

「テーブルの上のティッシュを取って」と言われて取ることができても、きちんとテーブルの上を理解していることにはなりません。「ティッシュ」という単語に反応しただけかもしれないからです。テーブルの上を理解させるためには、同じティッシュをテーブルの上と下に置いて、「上のを取ってください」「下のを取ってください」と言って正しくできるか。テーブルの上とイスの上とに置いて、聞き分けて取れるか。そういうことが必要だと思うのです。

|あつい|

最後に、熱い・暑い・厚い、の区別を教えたときのことを順に説明します。3つの語は、はじめから漢字で教えました。

1．モデルを見せる

- 反対ことばを書きましょう。
  - つめたい　⟷　（熱い）
  - さむい　　⟷　（暑い）
  - うすい　　⟷　（厚い）

まず、子どもの目の前で書いて見せました。声かけもせず、意味も教えません。

ステップ49　動詞の語彙を増やし、ボディイメージを高める

2．マッチング

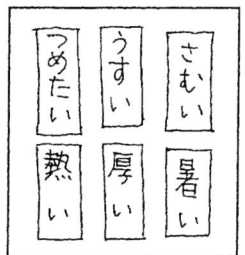

異型マッチングです。
「何だかわからないけど、この字のときはこのカードを置く」というルールは理解しているので、すぐにできました。

3．線でつなぎましょう。

迷うようならマッチングをもう一度やったり、カードをちらっと見せたりします。

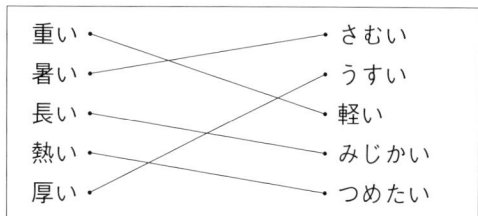

4．実物とのマッチング

|熱い| 熱いやかん、お湯、熱いみそ汁
|厚い| 厚焼き卵、厚いふとん、厚いセーター
|暑い| 夏、走ったとき、サウナ

（「暑い」は、絵カードをつかいました）

　このときも、熱いお湯⟷冷たい水、厚いセーター⟷うすいＴシャツ、厚い本⟷うすい本などの対比でやりました。絵カードとのマッチングでやってもよいです。

5．書き出し

熱いもの	（　　）	（　　）	（　　）
厚いもの	（　　）	（　　）	（　　）
暑いとき	（　　）	（　　）	（　　）

（4の「実物とのマッチング」のものが思い出して書ければよい）

6．正しいものに○をつけましょう。

7．漢字で書きましょう。

- やかんが（ 熱 ）い。
- 辞書は（ 厚 ）い本だ。
- セーターはモコモコ（ 厚 ）い。
- たくさん走ると（ 暑 ）い。
- ラーメンが（ 熱 ）いからフーフーふく。
- 氷が（ 厚 ）く張る。

8．何を使ってはかりますか。

- 時間（ 時計 ）
- 暑さ（ 温度計 ）
- 熱（ 体温計 ）
- 本の厚さ（ 定規 ）
- さとうの重さ（ はかり ）
- 体重（ 体重計 ）
- 背の高さ（ 身長計 ）

9．暑さや寒さをはかるものは（温度計）です。

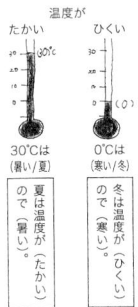

- 夏は（暑い）ので（うすい）服を着ます。
- 冬は（寒い）ので（厚い）服を着ます。

10．漢字で書きましょう。

冬になると気温が（ 低く ）なって

（ 寒く ）なります。

外の氷は（ 厚く ）はります。

（ 厚い ）洋服を着ましょう。

（ 熱い ）ココアがおいしいですね。

　文章が書ける段階になっても、基本的な教え方は（文字が書けない段階）と変わりません。マッチング、線つなぎ、○×どっち（判断）、穴うめ、パターンくずし……。新しいことを教えるときはいつもこの方法です。今、マッチングや線つなぎで苦労していらっしゃるお母さんも、ぜひ頑張ってください。「異型マッチング100枚」「動作文100枚」は、子どもたちの脳

ステップ49　動詞の語彙を増やし、ボディイメージを高める

に新しい回路を作ります。石井先生のおっしゃる「原野に線路を敷き、コトバという列車を走らせる」のです。これからも内言語の獲得に向けて、一日一日を大切に積み重ねていきたいと思います。

練習問題（紙だけで、たくさんのことばを覚えられます）

○次の動作をしましょう。
（1）紙を（クシャクシャ）とまるめてください。
（2）紙を振ってください。
（3）紙を裏がえしにしてください。
（4）紙を半分に折ってください。
（5）紙をそろえてください。
（6）紙を（座ぶとんの下に）かくしてください。
（7）紙をやぶいてください。
（8）紙をめくってください。
（9）紙をはさみで切ってください。
（10）紙をのばしてください。
（11）紙を（壁に）はってください。
（12）紙を画びょうでとめてください。
（14）紙をノートにはさんでください。
（15）紙を持ってください。
（16）紙を食べてください。（食べられません）
（17）紙でノートを包んでください。
（18）紙を重ねてください。
（19）紙を並べてください。
（20）紙を2枚ずつくばってください。
（21）紙をまわしてください。
（22）紙をまるめて筒にしてください。
（23）紙に息をふきかけてください。
（24）紙をちぎってください。
（25）紙ふぶきをとばしてください。
（26）紙をかたづけてください。

ステップ50 自分の行動の記憶と言語化

　ステップ24、29、49での動作語の学習を経て、動詞の理解が進んでいますが、自分の行動を意識し、言語化することはなかなか難しいものです。「今日学校で何があった？」と言ってもなかなか答えられない、というのは、お母さん方からよく聞かれる悩みのひとつです。

　まず、自分の行動を意識すること、そして行動したことを記憶すること、さらに記憶していることを必要に応じて再生することが求められます。

記憶の学習

　まず、記憶の容量の問題があります。近年、ワーキングメモリに関する研修が進み、自閉症・発達障害児においては、ワーキングメモリの容量が少ないことが指摘されています。情報を少しの間、記憶にとどめておいて操作する力が弱いということです。

　自閉症児の中には、10年前の合宿の食事のメニューや班編成を正確に覚えていたり、一度通った道は忘れないなど、優れた記憶力をもつ方もいますが、これは長期記憶です。ワーキングメモリは、数秒か、長くても数分の短い時間に、限られた情報を一時的に覚えることに用いられます。発語プログラム初期における、「書字（絵を見て字を書く）」は、このワーキングメモリを鍛えるために大変適した課題だと思います。

　ことばが増えてきてからも、ワーキングメモリの容量を増やしていくという視点は重要です。まずは、2～3個のものを覚えて再生する、といったところから記憶の練習を始めましょう。音声言語は消えてしまうので、視覚的手がかりがあると、覚えたり思い出したりしやすくなります。指を3本出す、数字で示す、（　　　）を3つ書いたプリントを見せる、白い紙を3枚置いておくなど、子どもにわかる方法を探しましょう。

【出題例】
・2～3個の記憶（名詞、動詞）と再生

「バナナ、コップ、ゆうえんち」など、無関係な語句を3つ聞かせ、復唱させる。
「手を10回たたいて、立って、ばんざいする」など3つの動作の指示を聞いて、実行する。
- 俳句や短歌の暗唱
毎回3つ、など決めて覚え暗唱する。定型のある俳句や短歌はリズムやアクセントの練習にもなる。短い詩や短文を暗唱させるのでもよい。

行動の言語化

　映像や写真を見て正しく言語化することを練習します。自分の言いたいことはかなり長い文でおしゃべりするお子さんでも、このような課題をさせてみると、「お料理してる」「運動会」など、単語や一語文で答えてしまうことが多いものです。ですから、「いつ、どこで、だれが、何をしている」という5Wの要素が入った文で書けるように教えていくことが必要です。イラストでもよいですが、自分や家族が写っている写真などのほうが注目しやすく、記憶を呼び起こしイメージしやすいようです。

【出題例】「行動の言語化」
何をしていますか？（写真を見て）
　（お母さんが、台所でウインナーを炒めています）
　（運動会のとき、僕が、リレーで走っています）

　これができたら、次は実際の場面で、自分がやったことを書くようにしていきます。
　自分の行為を少しの間記憶して、言語化することを教えていくわけです。さらに、一緒にいる友達や家族の行動について言語化する練習もしましょう。他者の行動に注目し、他者の動きを意識するためのよいトレーニングとなります。

【出題例】
今、やったことを書きなさい。
　（算数のプリントをしました）
　（手を3回たたきました）
お友達のやっていることを書きなさい。
　（田中君は国語のプリントをしています）

（佐藤君は消しゴムで字を消しています）
　　（山田君はプリントを先生に見せに行っています）

行動の記憶と再生—順を追って言語化する

　実際に行なっていることを順を追って言語化し、文章化していくのが「物の順番」という課題です。自分の動作を言語化することによって、細かい動作を意識し、その意識を持続することができるようになります。それができると自分で自分の行動を意識しそれを統制すること＝セルフコントロールが可能になってきます。言語認知に障害がある自閉症児に、このセルフコントロールの能力を身に着けさせることがこの課題の狙いです。また、頭の中で行動の順序をたどるという操作は、「言語を使って思考する」ためのよいトレーニングになります。

【出題例】「物の順番」
・手を洗う順番を書きましょう
　（そでをまくる）
　（手をぬらす）
　（せっけんをつける）
　（手を洗う）
　（手をふく）
　（そでをおろす）
・お風呂に入る順番を書きましょう。
・朝起きてから学校に行くまでの順番を書きましょう。
・お皿洗いの順番を書きましょう。

　わからない場合は、実際にやってみながら一つひとつ言語化してみましょう。
　それから、文カード（写真でもよい）を並べかえるなどのスモールステップを踏んで、5〜10行程の手順を書けるようにしていきます。実際に自分がやっていることについて書かせます。そのためにも、生活の中で行程のあるお手伝いを日常的にさせておきましょう。
　行程の長さは、お子さんの学習段階に応じて変えてよいです。接続詞（ステップ52）の学習が済んでいれば、「最初に（まず）」「次に」「それから」「最後に」などの

接続詞をつけて、文章で説明できるようにしていきます。このような学習を通して、自分の行動を思い出し、イメージして言語化する、という力がついてきます。

【出題例】料理の計画
・カレーライスを作ります。用意するものを書きましょう。
（お肉、玉ねぎ、にんじん、ジャガイモ、ごはん、カレールー、水、お鍋、お玉、さいばし、ほうちょう、まないた、エプロン）
作り方をかきましょう。
1　（お肉と野菜を切る）
2　（肉をいためる）
3　（野菜をいためる）
4　（水を入れて煮る）
5　（カレールーを入れて煮る）
6　（お皿にもりつける）

こうした学習を経て、作業や手伝いをするための手順書を書く、○○をするために用意することを書く、旅行の計画をたてるなど、これからやることについて、行動をイメージして言語化することも課題にしていきます。

定型発達3歳児のことばと行動

子どものことば（母のことば）	子どもの行動・動作
「ケイ君どこ？　いらっしゃーい」という母のことばに。［はーい、ここだよ］	➡ ブロック遊びを中断
［もっと遊びたいのに。行かなくちゃ。また、怒られる］	➡ 持っているブロックを、おもちゃ箱に放る。
［よいしょ。おっとっと］	➡ 立ち上がって歩く。
［はやく行こう。はやく、はやく］	➡ 走る。腕を振る。
［おっとっと。危ない。走ると危ないよ］	➡ テーブルの脚に爪先を引っかけた。
［痛てて。ごめんごめん（自分に言う）］	➡ 自分の足先を揉む。
［こいつ痛てて］	➡ 卓の脚をにらむ。（卓に怒る。）
［そうか、ゆっくり歩けばいいんだ］	➡ 今度は注意しながら歩く（手を振らないで）。
［お母さん、なあに］	➡ お母さんを見上げる。
「何でもないわ。どこにいるか知りたかったから、ただ、呼んでみただけ」と母の声。	➡ ちょっと不服そうな顔をする。
［なあんだ］	➡ （「用が無いんなら、呼ばないでよ。ボクも忙しいんだ」とは、まだ言えずに）
［テーブルがぶつかっちゃったよ］	➡ また、足先をこする。
［何でもないから、行くよ］	➡ 再び隣室に戻ろうとする。
［ゆっくり、ゆっくりだよね］	➡ ちょっと走りかけてから、歩き出す。

　正常に発達している3歳の誕生日頃の子どものことばと行動です。自分の行動を逐一言語化し、母親のみならず、物にまで話しかけている様子が見てとれます。自我の萌芽期（獲得以前）の発達段階ですが、定型発達ですと、この頃に自分の行動の言語化が行なわれるようです。青年期になってからも、自分の行動を逐一、言語化する大人がいますが、大声で長々としゃべられると、聞く方はたえられません。

ステップ50　自分の行動の記憶と言語化

ステップ51 形容詞、形容動詞、副詞の語彙を増やし、表現力を高める

　より高次な属性の概念を身に着け、表現力を高めるために、形容詞、形容動詞、副詞などの語彙も、少しずつ増やしていきます。ステップ35で、色（赤い、黄色いなど）・味（甘い、辛いなど）・形（まるい、しかくいなど）などの初歩的な形容詞や、「わんわん」「くるくる」などのわかりやすい副詞は学習していますが、より抽象的な表現は、お子さんの概念発達を見ながら、時期を見計らって丁寧に教える必要があります。

　紙面でのパターニングが基本です。一見わかって使っているように見えることばであっても、自分で覚えたことばは誤学習されている場合がありますから、プリントで学習をさせてみると理解度が把握できます。

　プリントで学習した内容については、実際場面の中で具体的に見せたり、自分の感覚と一致させることを怠ってはいけません。例えば、「かたい、やわらかい」ということばを教えたら、おせんべいとマシュマロ、豆腐、するめを並べて食べさせたり、ふかふかの枕や風船、コンクリートのブロックやレンガなどを並べて触らせたりしながら、「かたい、やわらかい」と命名させるというような方法です。また、お鍋をうっかり焦がしてしまったときに「焦げ臭い！」というように、本人が感じている、どんぴしゃりの場面でことばを使ってみせることで、ことばがインプットされやすくなります。形容動詞や副詞についても、学習の仕方は同じです。ことばをさまざまな角度から教えるという視点が必要となりますから、生活の中でもことばの学習の機会を探し、ここぞという場面で教えるという観察眼と情熱を持ち続けていただきたいと思います。

　なお、感情を表す形容詞、形容動詞、副詞の学習については、ステップ53の情緒の項を参照してください。

形容詞

感覚のことば	うるさい、騒がしい　くさい　いたい　かゆい　くすぐったい　など
比較のことば	重い／軽い、暑い／寒い、新しい／古い、きれい／きたない　など
様子のことば	危ない、かわいい、正しい、忙しい、幼い、詳しい、細かい　など

『自閉症児のことばの学習』（コロロ発達療育センター）「課題別　ことば一覧表」より抜粋

　ある状態を説明しようとするとき、もう一方のことばと照らし合わせることによって、その意味内容がより明確になります。単に「昼は明るい」と教えるより、「夜は暗い」とセットで用いたほうが、より「明るい」という概念に近づくことができます。

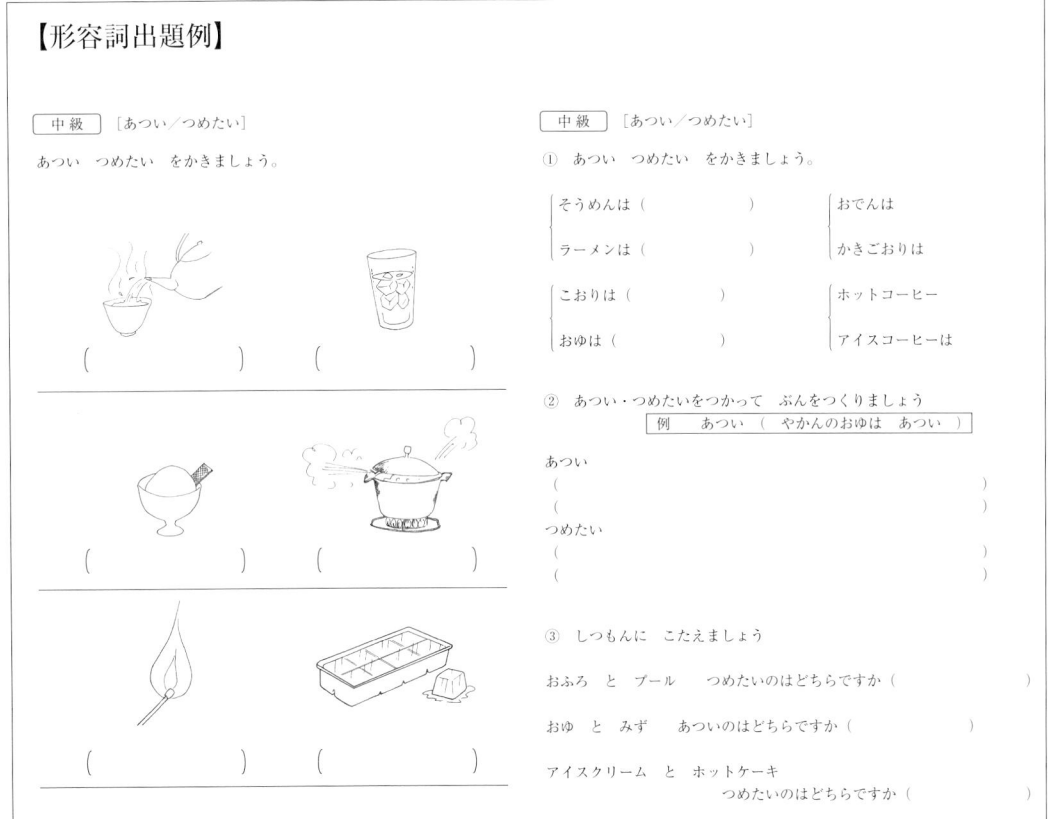

形容動詞

性格、性質のことば	いじわるだ、親切だ、まじめだ、乱暴だ、素直だ　など
様子のことば	元気だ、上手だ、危険だ、便利だ、安全だ、おおげさだ　など

『自閉症児のことばの学習』（コロロ発達療育センター）「課題別　ことば一覧表」より抜粋

形容詞と同様に、最初は親切だ―いじわるだのように対になることばで覚えさせるとわかりやすいでしょう。反対語を書けるようになったら、それぞれのことばを使った文を3文くらい書けるようにパターニングします。このとき、実生活で見られること、実際に体験していることを引き合いに出すとよいでしょう。本人の感覚と一致しないことばで教えても、概念化に結び付きません。

　また、絵や写真を見せたり文章を読ませて、それに合う形容動詞を選べるようにして、日常生活での使用に結び付けていきます。

【出題例】
・あてはまることばに○をつけなさい
　　国語の教科書を忘れたとき、隣の川田さんが見せてくれた。
　　　川田さんは（いじわるだ　しんせつだ）
・学校に行くときに、危険なことを3つかきなさい。
　　（走っていく）（横断歩道のないところでわたる）（かさをふりまわす）
・素直とはどんなことですか。
　　（人の話をきく）（はい、わかりましたという）（いわれたとおりにやる）

副　詞

　自閉症児にとって、形として目に見えない音や、目で捉えにくい現象をことばに置き換えるのは非常に難しいことです。しかし、副詞は名詞と動詞の組み合わせでおおよそ決まってきますから、比較的簡単に、楽しみながら覚えられるでしょう。

　初期の段階では、ねこ＝ニャーニャーというようなパターンで教えますが、この段階になったら、

　　ねこが（ニャーニャー）鳴いている
　　ねこが（ぐーぐー）寝ている
　　ねこがさくを（ぴょーんと）とびこえる

など、パターンを変えて表現させていきましょう。このような（　　　）うめだけでなく、イラストや写真を見て副詞を用いた文を作成する、相手の動作を見て書く、文を読んで動作をするなど、さまざまなパターンで学習することで、ことばの表す意味やニュアンスが理解できるようにします。

【出題例】
- ことばのとおりにあるいてみましょう
  のっしのっし　　どたばた　　しずしず　　ちょこちょこ
- 文を作りましょう
  ぱたぱた（うちわでぱたぱたあおぐ）
- どきどきするのはどんなとき？（発表をするとき）（プレゼントを開けるとき）
- やってみよう
  うでをぐるぐるまわす　　スプーンでぐるぐるかきまぜる
  足首をぐるぐるまわす　　ひもをぐるぐるまきつける
  指をぐるぐるまわす　　時計の針をぐるぐるまわす

擬態語	いきいき　いっしょうけんめい　いらいら　うんざり　がっかり　ぐずぐず　くよくよ　すっきり　すらすら　むしゃくしゃ　がつがつ
頻度	いつか　いつも　さっき　ずっと　たまに　たびたび　時々　やっと
時間	のんびり　はやく　ゆっくり　いきなり　さっさと
程度	あまり　いよいよ　かなり　ずいぶん　すっかり　だいたい
述べ方	かならず　けっして　たぶん どうして・なぜ（★ステップ52「因果関係と理由説明」で学習） もし、まるで（★ステップ60「たとえのことば」で学習）

コロロメソッドの第3段階ステージ3～第4段階での副詞の言葉リストより抜粋

　普段何気なく口にすることばですが、こうしたことばの意味が意外とわかっていないことが多いのです。「ゆっくり置きなさい」「さっさとしなさい」……言ってもできないのは、実際にどうしたらよいのかということが伝わっていないのかもしれません。「くよくよしないで」は、とても難しいです。

　「ゆっくり書く」「速く書く」「ゆっくり手をたたく」「速く手をたたく」など、自分の動作とことばをマッチングさせながら、教え、書かせ、読ませて、学習の中で、一つひとつことばを教えていきます。その一方で、学習していないことば、意味がよくわかっていないことばは、生活の中で多用しないようにしましょう。

ステップ51　形容詞、形容動詞、副詞の語彙を増やし、表現力を高める

> 【出題例】
> ・正しい表現に○をつけなさい。
>   山田さんは先生に怒られて（　しょんぼり　こっそり　）している
>   おなかがすいていたので（　ちびちび　がつがつ　）食べてしまった
> ・文を作りなさい
>   かなり（集中して勉強したらかなり早く終わった）
>   あまり（テストが難しくてあまりできなかった）

　この頃になると、外国人に日本語を教えるためのテキストなども役立ちます。このような市販の教材もうまく活用しながら、わからないことばをチェックしてみましょう。

　こうして学習したことばは、本人に使わせていくだけでなく、周りの人たちが積極的にこれらのことばを用いていくことが効果的です。また、ばかだ、めんどうだ、むりだなど、場面によっては使わせたくないことがあります。またストレートに言うと聞き苦しいことばは、あえて教えない配慮も必要です。教えていなくても集団生活の中では、よくないことばも覚えてくるでしょう。語彙を増やす学習の一方で、言ってはいけないことばやTPOに応じたことばの使用方法もまた、教えていく必要があります。それについては、ステップ59の道徳的判断・マナーの項を参照してください。

　よくわからないことばや、意味の難しいことばを、あえて使わないようにする配慮は、私たちにとっては苦労でさえあります。しかし、普通の生活でのコミュニケーションを成立させるためには、不可欠な配慮です。とはいえ、会社での重要な会議とか、お客様の招待というような席で、発達障害の人のためだけの配慮に徹するのは、社会的に礼を失する行為にもなりかねません。社会通念上のバランス感覚への配慮は、私たち（普通の大人）に課せられた使命でありましょう。

ステップ52 因果関係と理由説明、問題解決
パターン認識から順序立てた思考・接続詞の使用

　ステップ35の質問文において、単純な因果関係（「のどがかわいた―水をのむ」）は学習してきましたが、そうした単純な因果関係では済まないのが、この世の中です。
　1対1対応の思考パターンが強い自閉症児においては、「12時になったらご飯を食べる」「外に出るときはジャンバーを着る」「日曜日は車で出かける」など、ワンパターンの思考に陥りやすく、強固なこだわりになることもあります。
　このステップの学習では、こうしたワンパターンの思考を、もう少し柔軟にしていくことが大きなねらいです。

因果関係

① 複数の答えを書く
　因果関係も、3パターンくらいの答えを考えて書けるように練習していきます。

手が汚れた―だから（手を洗う）（ウエットティッシュでふく）（ハンカチでふく）
汗をかいた―だから（タオルでふく）（着替える）（シャワーを浴びる）
せきがでた―だから（マスクをする）（風邪薬を飲む）（お医者さんに行く）
　　　　　　　　（下を向いて口を手でふさぐ）

---

② 接続詞の学習
　接続詞の学習は、順接（だから、なので、〜ので）と逆説（でも、けれども、しかし、〜が）の区別から始めます。最初は、
　　だから＝〜する（順接＝肯定型）
　　でも＝〜しない（逆説＝否定形）
というわかりやすいパターンからはじめるとよいでしょう。

> 雨が降ってきた。だから（かさをさす）
> 雨がふってきた。でも（かさをささない）

このパターンでさまざまな問題を解けるようになったら、逆説＝否定形にならないものでも、文意を読み取って接続詞を選ぶことができるようにしていきます。

> のどがかわいた。（だから）水を飲む。
> のどがかわいた。（でも）がまんする。

このような接続詞の使い方を覚えたら、順接、逆説の接続詞を用いて、さまざまな因果関係を考える学習も取り入れていきます。答えがワンパターンでないことを教えることが大切です。

> ころんで血がでた ─ だから（保健室に行く）
> 　　　　　　　　 でも（がまんする）
> 勉強が難しい ─ だから（先生にきく）
> 　　　　　　　 でも（自分で考える）

※注意すべきこと

この頃になると、大人のアタマの柔軟性が求められます。上の問題の場合（　　）の中を逆に書いてみてください。それでも意味は通ります。正解を１つに決めて、とりかかることは大事ですが、あまり意味の深追いをすることは、禁物です。親子で意見が違ってしまうと、相剋は深刻なものになり、断絶しかねません。

こだわりが強いお子さんの場合は、それに対応した問題を入れていきましょう。

> 【出題例】
> ・汚れたら即、洗いたい子へ
> 　授業中に手が汚れました
> 　でも（がまんします）（休み時間になってから洗います）
> ・ぬれたら即、着替えたい子へ
> 　洋服のそでがぬれました

> でも（着替えません）（乾くまでがまんします）

　すぐに洗う、すぐに着替える以外のパターンがあるのだということを、文字学習を通じて視覚的に理解させるということです。もちろん、書けたからといって実際に我慢できるわけではありません。実際場面で、計画的に「少しぬれても着替えない」というトレーニングをしていかなくてはなりません。

理由説明

　目の前の現象の理由を説明する場合においても、複数の理由を推測できるように教えていきます。

> 【出題例】
> どうしてマスクをするのですか
> 　　（かぜをひいたから）（せきがでているから）（給食当番だから）
> どうしてばんそうこうをはるのですか
> 　　（けがをしたから）（血がでたから）（ばい菌がはいるから）
>
> ・絵をみて理由の推測
> 　どうして並んでいるの？
> 　　（ブランコにのりたいから）（順番だから）（追い越すとけんかになるから）
> 　どうして泣いているのですか？
> 　　（たたかれたから）（こわかったから）（びっくりしたから）

　現実場面で理由を推測するのはとても難しい課題ですから、ステップ55の二者〜三者関係や、ステップ53の相手の気持ちの理解などの課題に取り組んでから、重点課題として取り上げた方がよいでしょう。

三項関係

　三項関係を整理する課題では、行動の原因と結果を整理して考えるという思考パターンを教えます。

> 雨が降ってきた→だから（傘をさす）→すると（雨にぬれない）

ステップ52　因果関係と理由説明、問題解決

> 雨が降ってきた→でも（傘をささない）→すると（雨にぬれる）→すると（風邪をひく）
> 甘いものを食べる→だから（歯を磨く）→すると（虫歯にならない／歯がきれいになる）
> 甘いものを食べる→でも（歯を磨かない）→すると（虫歯になる／歯が痛くなる）

こうやったら（やらなかったら）どうなるか、という結果を推測するのが難しい場合は、先に「どうなりますか？」の質問文を練習しておきましょう。

> 【出題例】
> お鍋の火をつけっぱなしにしているとどうなりますか。
> ろうそくの火に息を吹きかけるとどうなりますか。
> お風呂のお湯を出しっぱなしにしているとどうなりますか。
> 水を冷凍庫に入れるとどうなりますか。
> ひげをそらないどうなりますか。
> 髪の毛を乾かさないで寝るとどうなりますか。

このように、原因と結果を整理して思考できるようにしていくことが、パターン認識からの脱却の一助となります。お決まりのパターンを繰り返すこと（同一性の保持）は、自閉症の認知特性のひとつですが、このパターン認識を超えるためには、抽象言語の獲得が必要なのです。抽象言語のもっとも重要な役割は、自己の衝動や欲求をコントロールをすることであるとも言えるでしょう。

具体的には、状況に応じて自分の行動を変えられるようにする、ということです。例えば、ゲームがしたい→でも、明日はテストだ→だから今日は我慢して、テストが終わったらたっぷりしよう というような思考ができるようにすることです。こうした思考ができるようになるために、三項以上の因果関係を学習することはとても重要な意義があります。

接続詞を増やす

基本的な因果関係がわかってきたら、使える接続詞を増やしていきましょう。

【出題例】
① 次のことばを使って、1つの文にしなさい。

> ～て　～たら　～ので　～あと　～したら　～ら
> ～してから　～しても　～したのに　～たけど　～が

・朝、学校へ行きました。中村君がお休みでした。早川先生に、「中村先生はどうしてお休みですか？」と聞きました。
（朝、学校へ行ったら、中村君がお休みだったので、早川先生に「中村君はどうしてお休みですか？」と聞きました。）

・今日の夜ご飯は僕の嫌いな焼き魚でした。好き嫌いをするとお母さんに怒られます。僕は残さず食べました。
（今日のご飯は僕の嫌いな焼き魚でしたが、好き嫌いをするとお母さんに怒られるので、僕は残さず食べました。）

② （　）にあうことばを入れなさい。

> けれど　それから　すると　でも　まず　そこで　だから

　僕はお風呂に入ろうと思いました。（そこで）お母さんに「お風呂に入っていいですか」と聞きました。（すると）お母さんが「お湯がたまっているか見てきて」と言いました。（だから）僕はお風呂場へ行きました。

コラム⑬
パターン認識

パターン反応

　パターン反応（単にパターンともいう）ということを、おさらいしておきましょう。ある刺激場面Aに対して、ある反応Bを起こす。と次の場面Cでまた別の反応Dを起こす。パターンとはA→B→C→Dがほぼ同じ順序をもって繰り返されることを言います。連鎖反応と呼んでもよいでしょう。生命体の反射的本能的活動であり、言語を獲得しない子どもの行動は、そのように形成されています。

　ところが概念学習第一段階では、絵カードと文字カードのマッチングを行ないます。🍎の絵カードに対して りんご の文字カードを合わせたり、🖐に て のカードを重ね合わせます。この異形間マッチングを成功させるには、多少の指導テクニックが必要ですが、無発語の自閉症児でも、これはたいがい達成できます。そしてそのメソッドのステップを追って、🍎を見て りんご と書いたり〔りんご〕と言ったりできるようになります。無発語児の発語獲得は、高い成功率をおさめており、この初期のレベルの言語を、筆者は表相言語と呼んでいます。それは、物には名前があるということを、おぼろげに覚えた程度であり、🍎と りんご または🍎と〔りんご〕の１対１対応を覚えたにすぎません。りんごと言えて書けても、甘酸っぱいとか、青いのや黄色のもあるとか、りんごの性質を理解しているわけではないのです。この段階ではりんごの絵カードが違うとりんごとかけない場合もあります。抽象化（汎化）ができていない証拠でもあります。その１枚の絵カードと文字カードが相対応しただけなので、要するにパターンなのです。

　物には名前があるということをおぼろげに覚えた段階では、この表相言語（文字）からそれに相当する状況（物）をイメージすることはまずありえないです。イメージ（抽象化）は、まず先にことば（文字）の方が頭の中に浮かび上がって来て、それから次に絵（物）のイメージが追従するものだからです。表相言語は、絵カードを見せられたときにはじめてりんごと言ったり書けるレベルです。つまり受身形による発語（書字）行動でしかないのです。言語が能動的自発的にならなければ、それに対応する事象のイメージ化は不可能です。認知障害児の概念獲得への道筋は、受動から能動へ、という本

筋をしっかりとわきまえてください。

この学習段階でもパターン反応は顕著にみられます。

🍎→りんご（書字）→先生にほめられる◎。

🍎→りんご→◎…これが何度も繰り返されます。しかし、繰り返されるのは◎をもらったからとは限りません。×をもらっても、また同じように繰り返してしまいます。

🍎→て→×…といった一連の行動（場面）は、そのまま繰り返されます。これがパターン反応です。

ことば（文）がのっかったのがパターン認識

パターン認識の発語（文章）レベルは、単語が言える（書ける）だけではいけません。少なくとも二語文以上ができたり人称、時制、助詞など文法的に正確に使えたりする子もいます。しかしこのような子どもたちもパターン認識の域を出ていません。何でも言え（書け）てしまうので、私たちと同じ思考回路を巡っていると思ってしまいがちですが、そうではありません。そこが見えてこないと、第三段階（字が読み書きできて、話ができる段階）の学習は効果があがりません。

パターン認識は、無発語の子どものパターンの上に、単なることば（文）がのっかっただけなのです。本質的には　🍎→りんごのマッチングレベルと変わりません。もう少し長いことばが言える（書ける）に過ぎません。

 A 母に手を引かれた幼子を見る。
 ↓
 B F君（小3自閉症）は幼子の手を取る。
 ↓
 C 別室（母親の見えない所）に連れて行く。
 ↓
 D 幼子をなぐる。
 ↓
 E 幼子が泣く。
 ↓
 F 鳴き声に気づいた母親が入ってくる。
 ↓
 G 母親がF君をこずいて遠のける。
 ↓
 H 「ごめんなさい。もうしません」と謝る。
 ↓
 I 母親はムッとしたが、F君は自閉症だから仕方ないと諦め、幼子と出て行ってしまう。

この話を聞いた担任が、F君を厳しく咎めると、すっかり反省したようなことばを吐きますが（J）、また再び母親と幼子のペアを見るとＡＢＣＤＥＦＧＨＩが行なわれます。自閉症児のいるところ、この類型は必ず見られるでしょう。

A～Hの状況を、F君は正しくことばで説明することができます。Bの場面では、

「遊びましょ。やさしくしてあげるからね」などと、巧みに誘導します。Ｈでは「いけないと思ったけどついやってしまいました。もう絶対しませんから遊んでください」などとうったえることができます。担任の前では、「ぼくもなぐられたら痛い。小さい子はもっと痛い。だからもうなぐりません」と相手の立場に立った説明さえできます。

　しかし、また翌日Ａ～Ｈ～Ｉは繰り返された。これはどういうことなのでしょうか？　これがパターン認識なのです。ここで、「なぜ？」という問いを発し続けてはいけません。今事実をまるごと認めれば、疑問符など付かないはずです。障害を認めるということは、このような問題行動を自閉症だから許すことでなく、認知障害の本性を見抜くことなのです。

　「なぜ？」「どうして？」と問いかける人々に、あえて答を明かしましょう。

　もし、Ｆ君がお絵描きの上手な無発語児であったと想像しましょう。Ａ～Ｈの場面を、幼子母親、自分の３人を交えて具体的に描写することができます。絵はうまく描けても、ことばがないのだから「何が良いか悪いか」の判断ができないのはやむをえない、とだれでも思うでしょう。そのとおりです。絵だけでは思考、推理判断はできません。では、ことばが自由に言えるとしたらどうでしょうか？　その場合も無発語のＦ君と同じ現象が起こるのです。なんでも自由にしゃべれる（書ける）Ｆ君のことばは、上手なお絵描きと変わらないのです。読者にこの道理が理解できるでしょうか。

　カードマッチングを始めた頃の無発語児に「顔を洗う」「ご飯をたべる」「バスに乗る」などの絵カードを、聞き取りで取らせると、ほとんど正確に取れます。この現象にはだれもさほど不思議に思いません。ところがつぎに かおをあらう （漢字が入ってもよい）のひらがなカードを、絵カードに代えて、聞き取らせると、これもほぼ正確に取れるので少し驚かされます。では、文字が読めているかと思い、か お あ など１字ずつ分解したカードを取らせると、今度は全然できません。五十音が読めているのではないことがわかります。これはどういうことでしょうか？　人が顔を洗っている 絵 （画面）と ひらがな 文字カードとは、他者の音声を聞いた直後に相対するものを取るという行為において、彼らにとってほぼ同一の現象なのです。われわれには、絵と文字（文）とでは外見上、まったく異形に見えています。書かれている意味内容（即ち抽象性）において同一なのです。彼らが正しく取れるのは、抽象性を理解しているわけではなく、〔カオヲアラウ〕という他者の音声と、絵カードまたはひらがなカードとがマッチングしているだけなのです。つまり１対１対応なのです。突き詰めて言ってしまえば、彼らのことばや文字は、テープレコーダーかコピー機のようなものなのです。本質的には物には名前があるレベルなのです。長い物の名前が書けるだけなのです。だから

なんでも自由に書ける（言える）のです。

パターンこわしの学習

いま見たＦ君の行動と同じ類型には、ガラスを割る、スカートをめくる、他人のメガネをはずす、２階から物を放る、道路に置き石をするなどなど枚挙いとまがありません。講演会場からは必ず質問が出ます。「私が担任をしているＯ君は、ちょうど第三段階にいる子で、何でもよくわかっているのに、すぐ人を蹴るのです。注意したときは、涙を浮かべて、僕が悪かった、もう致しません、と言うのですが、またやってしまいます」。

何でも言え（書け）ることと、わかっていることとは、全く違う知的レベルなのです。第三段階（パターン認識）の言語レベルにあるということと、コロロメソッド第三段階の課題をこなしていることとは、全く別のことなのです。厳しく言うと、Ｏ君は第一段階にあります。何でも言える（テープレコーダーを所持している）だけであって、第一段階の課題さえ正確に応答できないでしょう。

Ｏ君やＦ君には、概念学習の前に積極的なパターンこわしが必要です。日常的に第三段階の耐性トレーニングを励行してもらいたいです。詳しくは他の拙著をご覧願いたいが、Ａ～Ｈの場面でパターンをこわすとすれば、適機はＢの直後です。要は幼子を連れて別室に行かせないことです。Ａ→Ｂの次にＣが続かないように、Ａ→Ｂ→Ｘ→Ｙ→Ｚとコースを変更してしまうことです。こうした場合、最も悪い例は、「ごめんなさい」を言うことを、しつこく強要することです。Ｈ「ごめんなさい」は、Ａ～Ｇまでの行動を起こした後でなければ言えないからです。何もしないのにごめんなさいは言えません。認知障害児にとって、何もしない（無）ところで、ごめんなさいとかなぐりません（否）と言わされることは、実行為をなすすことを強迫的に迫られることなのです。なぐるパターンが見える対象の前で、実行為なしに、なぐらないという否定形を言わ（書か）されることは、パニックです。しかしここを乗り越えなければ、認知障害の壁は破れません。コロロでよくやる学習方法は「ぼくは○○ちゃんをなぐりません」と多書させます。10回や20回ではダメです。なまじっかな反省なら言わせない方がよいでしょう。千回くらいは書かせます。このくらい書かせると、実際場面で思い止る可能性が出てきます。その上で幼子の前で、コロロの先生の顔を思い出し、なぐりませんが百回くらい言えたら、大丈夫でしょう。

感覚・感情を表すことばと情緒の発達

　気持ちは目に見えないものですから、たいへんわかりにくいものです。相手の気持ちがわからないだけでなく、自分の気持ちにも気づきにくいのです。全体の発達の中でも、情緒面の発達は際立って遅れます。コロロの発達評価表（4段階評価表）では、情緒発達について、次のようにまとめています。

情緒発達の4段階評価表

発達段階	行動特徴
第1段階 自我確立以前 相手の存在さえ気づかない	・特別に刺激がないのに快・不快が原始的リズムで周期的に繰り返される。 ・急に泣き出したかと思うといつの間にか笑っている。 ・空にらみやニヤニヤ笑いが頻繁に出現する。 ・一方で些細なことで興奮し、パニックになるとなかなか静まらない。 ・快興奮よりも不快興奮のほうが顕著。 ・水や砂の感触、ブランコ、スピニングなどめまい系の遊びなど、触覚レベルの自己刺激的快感にひたっておとなしくなることが多い。
第2段階 自我確立以前 目前に見えれば、他者の存在に気づく	・こだわり（好きなもの、嫌いなものの両方）を活用した教材により、快・不快が原始的に発生するのではなく、刺激―反応型へ組み替わる。 ・常同行動や自己刺激的な遊びを抑制し、視覚刺激に注視させることで、見たり聞いたりして楽しむことができるようになる（触覚レベルの感覚から、視聴覚レベルの感覚へ組み替わる）
第3段階 自我萌芽期 母親、近い友達など存在を知りはじめる	・快と不快の感覚が、それぞれ細分化されてきて、感情が芽生えてくる。 ・楽しい、嬉しい、こわい、悲しいなど、の感情の区別がついてくるが、まだ受け身的であり、人から聞かれて、初めて自分の感情に気がつくことが多い。 ・成功すると嬉しそうな顔をするなど、達成感の芽生えも見られる。 ・褒められて嬉しそうにするなど、他者の存在が意識されてくる。 ・人の反応をみて、安心したりくつろいだりといった愛着行動がでてくる。

自我確立	第4段階 自分と同じ気持ちをもった他者がいることに気づく	・さまざまな感情についてことばで表現できる。 ・「嫌だけど頑張ってみよう」というように自分の感情と行為を区別して言語的に理解し行動に移すことができる。 ・目標に向かって努力したり、達成感や充実感を感じるようになる。 ・他者との関係において、優劣や勝ち負けを知ることができ、敗者への思いも生じる。 ・1人になったときの孤独感を初めて味わう。 　かくして、他者のことばや行動から感情を読み取れるようになり、情緒的な交流ができるようになる。

　最初の段階では、泣きも笑いも、赤ちゃんの原始的な泣き笑いのように、自然発生的なものです。感情というよりも、毛布にくるまっていると気持ちいいというような触覚的な快・不快のレベルです。これが、療育によって、見る（視覚）、聞く（聴覚）ことができるようになると、見て楽しむ、聞いて楽しむということができるようになってきます。

　単なる快・不快レベルを超えて、楽しい、好き・嫌い、怖い、疲れた、などの感覚が少し芽生えてきたかな？　というころが、この学習のはじめ時です。最初はわからなくてもまず、徹底して文字によるパターニングをします。次に、パターニングされたことばを、実際の行為や実際の感覚とマッチングさせていきます。このマッチングにはタイミングが重要で、その時、その場で本人の感覚を確認しつつ言語化させないと効果は上がりません。

　このように、感情も「教えられて育つ」という前提で取り組むことが大切です。

自分の気持ちの言語化―快・不快のことばをパターニングする―

【出題例】
・どんなきもちになりますか。線でむすびましょう

　　プレゼントをもらったら・　　　　　　　・こわい
　　まっくらな部屋に入ると・　　　　　　　・おもしろい
　　ドラえもんを見ると　　・　　　　　　　・うれしい

・3つずつ書きましょう

　　うれしいこと　　　　　　　　　　　　こわいこと
　　（誕生日プレゼントをもらうとうれしい）　（おばけやしきはこわい）
　　（夜ご飯がカレーだとうれしい）　　　　（暗い部屋はこわい）
　　（テストが100点だとうれしい）　　　　（ジェットコースターはこわい）

・どんなきもちになりますか
　　大事な漫画がなくなりました。（かなしい）（いらいらする）
　　漢字テストで100点をとりました（うれしい）（次も頑張ろう）

相手の行為と自分の気持ちをつなげて書く

100点をとってお母さんにほめられました。だから（うれしい　　　　　）
妹とけんかしておかあさんにしかられた。だから（かなしい　　　　　　）
お友達が消しゴムをかしてくれました。だから（ほっとした　　　　　　）
道で転んで、お友達に笑われました。だから（はずかしい　　　　　　　）
お友達が「わっ」と言って背中を押しました。だから（びっくりした　　）

実際の感覚とことばのマッチング

　プリントで学習したことばは、実際場面で、感情が動いているときをねらって、そのことばを使えるよう促します。

　例えば、好きなおやつをもらって嬉しそうにしているときに、「おやつをもらいました。どんな気持ちですか？」→「嬉しいです」。おやつを食べているときに、「おやつをたべました、どんな気持ちですか？」→「おいしいです」。というように質問して答えさせるのです。最初はワンパターンで構いません。できてきたら、ただ「おいしい」ではなく、「甘くておいしいね」「冷たくて（温かくて）おいしいね」というように、表現の幅を広げていきましょう。

自分の気持ちと自分の行動の区別

　行動の自己コントロールができるようになるためには、自分の感情を認識した上で、相手や周囲の状況に応じて自分の行動を変容させることが必要です。「嫌だからやらない」「やりたいからやる」というように、快不快と行動が一体化している状態では、社会の中で適応行動をとるのは難しいでしょう。自分の気持ちと行動を分けて考えるという思考パターンを形成することが、セルフコントロールにつながります。

マラソンは（苦しい）。だけど、（がんばる）
ゲームをするのは（おもしろい）。だけど、（約束した時間を守る）
ピーマンは（まずい）。だけど、（出されたものは残さず食べる）

自分の気持ちと人の気持ちの違い

　自分の気持ちをいくつかのことばで表せるようになってきたら、他者の気持ちと自分の気持ちを分けて書くことを教えます。

【出題例】
・おかあさんが病気で寝ています。
　　　おかあさんの気持ちは（くるしい）（つらい）
　　　あなたの気持ちは（かわいそう）（しんぱい）
・「ゲームは30分ね」とお母さんに言われたのに、時間を守れなかったので、お母さんに怒られました。
　　　あなたの気持ちは（約束を破って悪かった）（30分は短すぎる）
　　　お母さんの気持ちは（頭にくる）（かなしい）
※「あなた」より「ぼく」の気持ちは？と聞いた方が分かりやすい場合は　ぼくの気持ちは」と出題してください。

　最初は、自分が病気のとき、ぼくは（苦しい）、おかあさんは（苦しい）というように、他者と自分の立場や感情の違いがわかりません。最初はパターンでもよいので、あなたが苦しいと、お母さんは心配な気持ちなんだよ、と教えます。
　妹が転んで泣いています。妹は（痛い）、ぼくは（心配）（かわいそう）

ステップ53　感覚・感情を表すことばと情緒の発達

友達が新しいゲームを買ってもらいました。友達は（うれしい）ぼくは（うらやましい）。

何通りもの類似問題をこなすことで、自分と他者の感情の違いを、文字で明らかにしていくのです。共感ができなくても、他者には他者の気持ちがある、ということを知るだけでも意義があります。

「人に気持ちがあること」への気づき

実際場面では、相手の気持ち以前に、相手の存在自体を気にしていないこともありますから、まずは目に見える、相手の様子に気づくようにしていかなくてはなりません。発語プログラムで学習を続けてきた22歳の青年は、最近になって、「お父さん、足が痛そう」「お母さん、疲れているみたい」といったことに気づき、言語化できるようになりました。母親によると、4年前に就職した職場で、周囲の人に合わせて仕事のペースを速めたり、他の人を手伝ったり、ということを教わっていくうちに、周囲の人の様子に目が向くようになったようだということでした。こうした気づきは、とても重要な発達のステップです。

『自閉症の才能開発―自閉症と天才をつなぐ環』（学習研究社）の序文で、オリバー・サックス氏は、テンプル・グランディン博士の次のようなことばを紹介しています。「山がきれい……でも私には何の感情もわかないのです。（中略）あなたが小川の流れや花を眺めるときに浮かべる、大変楽しそうな表情は理解できるのですが、その楽しさを感じるように生まれついていないのです。」

情緒的な交流は難しいとしても、社会生活に必要な対人スキルを身につけることは可能なのです。また、それ以上に、自分にはわからない感覚が他者の中に存在することを受け入れることは大変難しいことだと思います。定型発達といわれる私たちに、そのようなことが難なくできるでしょうか？　このことは、広汎性発達障害（言語認知障害）児者と、私たちとの共感・共存のために科せられた、永遠の課題のように思われます。

コロロの教室の
お帰り時の情景です

どんな気持ちときかれ、うれしい気持ちと答えるのは、日本語としては妙な気がしますが、このレベルの言語認知障害児には、極めて有効な問答パターンです

一方、定型発達の場合。降園（下校）の際、先生に気持ちをきかれました。
年中、年少児（3〜4歳）

年長（5〜6歳）

小学1年生

正常な姿にある定型発達とは、こういうものです。

小学2年生　その時は何も言わずに家に帰ってから母に…

ステップ53　感覚・感情を表すことばと情緒の発達

ステップ54 疑問詞（５W１H）の理解と作文、文章読解

　ステップ35の学習を通していつ・どこ・だれ・どうしてなど５W１Hの基本的な使用ができるようになったら、作文、日記などにも５W１Hの要素を入れて、書けるようにしていきましょう。また長文読解などを通して文章力、読解力を高めていきましょう。

作文、日記も５W１Hを明確に

　５W１Hの基礎ができ、気持ちのことば（ステップ53）や接続詞（ステップ52）を学習したら、作文や日記の中でも、こうしたことばを使用し、より表現の内容が深まるように指導していきます。

　日記や作文を書く際に、"「いつ」「どこで」「だれが」「何をしたか」書きましょう"というように、最初に指定しておいてもよいですが、これだけではわかりにくい場合は、次のような表を使用して、文を作成する練習をしておくとよいでしょう。

いつ	だれが	どこで	なにを	どうした
体育の時間	私が	体育館で	跳び箱を	５段跳びました
給食のとき	山田君が	教室で	牛乳を	こぼしました
家に帰ってから	私とお母さんは	台所で	ハンバーグを	作りました

　作文、日記についてはステップ42にまとめてありますが、学習段階が進んできたら、「他者についての記述」「感情についての記述」を促すこと、パターン以外の部分を膨らませることを狙いましょう。生涯続けていただきたい学習課題です。

> 10/18(土) 第5回京王沿線ウォーキング「ぐるり多摩の里山歩き」に参加しました。7時半に家を出て、多摩動物公園駅まで7.4km歩きました。9時ごろお母さんと合流してスタートしました。2時間半一度も休まず9km歩き通して11時半にゴールしました。せっかくなので、多摩動物公園に行きました。9年ぶりです。ベンチでお弁当を食べていたら、クジャクがやって来て、目の前に立ち止まりました。お弁当を後ろに隠したらしばらくして去って行きました。クジャクと目が合ったのは初めてです。びっくりしました。オラウータンの空中散歩も見ました。お腹に赤ちゃんがくっついているのが見えました。コアラは今夜変わらず寝ていました。モンゴルのモウコノウマやアフリカゾウ、フラミンゴ、ライオンなど色々見れました。久しぶりで楽しかったです。その後、リニューアルした京王れーるランドを見に行きました。電車の行き先表示板が自由に変えられてとても面白かったです。特急岩本町行きなど絶対あり得ない組み合わせもできるので大興奮でした。古い車両や6000系など車両展示も充実していました。盛りだくさんで楽しい一日でした。帰りも家まで歩きました。

20歳の青年の日記(お母さんがアンダーラインを引いている)

　形容詞/形容動詞/副詞を3つ以上入れて書くように促し、アンダーラインをひいている。

　現在(24歳)は自ら形容詞を入れた文章が書けるようになっている。

　また、書いた日記を見ながら、お母さんが「～したのはだれですか」「いつ、～しましたか」「どんな気持ちでしたか」など、質問をして、会話の練習をするとよいでしょう。

文章読解

　5W1Hの基本的な理解ができたら、より長い文章の中から、主語や目的語、状況などを正確に読み取らせることを狙います。その上で、登場人物の気持ちや感想など情緒的な面に注目させていきましょう。流れがわかっても、気持ちを推し量ることが苦手な子どもたちですから、必ず感情表現をさせていきましょう。教材は、学年と関係なく、本人の理解レベルに合わせて選びましょう。わからないことばが2～3個続くと、読み取ろうとしなくなってしまいます。幼児向けの絵本や、小学校低学年向けの文章読解のドリルなどはよい教材になります。

ステップ55 二者〜三者関係の理解

　自他を区別し、自分と他者の関係性を理解し、さらにそれを正しく言語化するのはとても高度な課題で、日常会話の中でも「だれが、だれに、何をしたのか」というのはもっとも混乱しやすい部分です。

　まずは、「自分がたたいたとき、相手はたたかれている」というように、1つの現象も同時に2つの表し方ができることから教えましょう。自分を含む2者関係から始め、行為の方向性に気づかせることをねらいます。

【出題例】
① 実際の行為で　自分が（たたく／たたかれる）の判断
② 写真をみて　　自分が（たたく／たたかれる）の判断

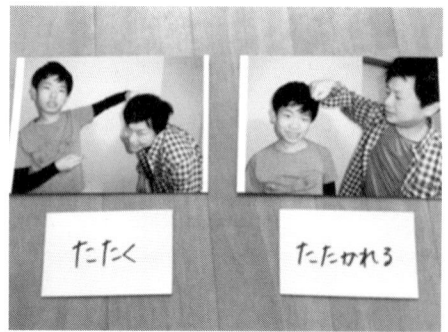

③ 写真をみて　　二者の行為を書き分ける

130　第5章　いよいよ概念の海へ—船出し、潜水し、他国の岸に浮き上がろう—

自分が（たたく）　—お父さんが（たたかれる）
自分が（たたかれる）—お父さんが（たたく）

④　写真（絵）を見て　他者の行為を書き分ける

お母さんが（抱っこする）—赤ちゃんが（抱っこされる）

さらに、目的語を入れた文の作成へ

お母さんが赤ちゃんを抱っこする—赤ちゃんがお母さんに抱っこされる

教材は、行為の方向性がわかりやすい、シンプルな絵を用いると良いでしょう。

お父さんが　男の子をおこる

男の子は　お父さんに
（　　　　　）

男の子が　魚を（　　　）

魚は　男の子に（　　　）

犬が　人に　かみつく

人が　犬に（　　　　　）

女の子が　あかちゃんをおんぶする

あかちゃんは　女の子に
（　　　　　　）

最初は文のパターンをそろえて
　　A　先生が太郎君を（ほめる）
　　B　太郎君が先生に（ほめられる）
※難C　太郎君を先生が（ほめる）

BとCのように語順が同じでも、助詞が異なると文意が変わってしまいます。ここが日本語のとても難しいところです。Cのような問題は混乱を招きますので、最初はA、Bのような、主語が必ず文頭に来るパターンでパターニングしたほうがよいでしょう。

ステップ55　二者〜三者関係の理解

2～3者関係

自分を含む2者関係、自分以外の2者関係の理解ができてきたら、3者関係へと学習を進めます。3人、4人と登場人物が増えていくと混乱しますから、わかりやすい教材を選定することが必要です。幼児向けの絵本や、登場人物の少ない簡単な文章、短い動画などを、教材として使用してもよいでしょう。

よく話ができるようになった方の中には「みんなが私のことを悪く言っている」などの被害妄想や、「私は悪くない」「○○君がこんなことをしたから、全部○○君が悪い」といった自己中心的思考が、大きな問題になることがあります。2者、3者関係を丁寧に学習することは、客観的な視点をもたせるためにとても重要な課題なのです。

- 僕は誕生日に欲しかったゲームを、お父さんに買ってもらいました。妹が「いいなあ」といいました。

    買ってくれたのはだれ（　　　　　）

    買ってもらったのはだれ（　　　　　）

    買ってもらえなかったのはだれ（　　　　　）

    僕の気持ちは（　　　　）

    お父さんの気持ちは（　　　　　）

    妹の気持ちは（　　　　）

- 朝、お母さんが「この手紙を先生に提出してね」と言って僕に渡した。

    手紙を預かったのはだれですか（ぼく）

    手紙を書いたのはだれですか（お母さん）

    だれがだれに手紙をわたしますか（僕が先生に渡します）

人称代名詞、指示代名詞の使用

人称代名詞（ぼく、わたし、きみ、彼女、彼、あなた）

指示代名詞（これ、それ、あれ、どれ、ここ、あそこ、そこ、どこ、こっち、そっち、あっち、どっち）

これらは、話し手と聞き手と対象の位置関係によって使用方法の変わる複雑なことばです。文章読解や会話の中でも、代名詞の使用、理解についてはなかなか理解しづらい部分です。目で見てわかりやすいところから整理して教えるとともに、日常会話の中ではこうしたことばを多用しない方が、会話がしやすいでしょう。

【出題例】
- 人称代名詞

    （　　）にあてはまることばをかきましょう。

・指示代名詞

部屋の中をみながら、

「ティッシュはどこにありますか？」遠くを指さして「あそこです」

「鉛筆はどこにありますか？」 机の上を指さして「ここです」

「おとうさんはどこにいますか」「あっちです」

「そこにあるのはなんですか？」指された方を見て、「ノートです」

・文章読解

　太郎君が家に帰ると、お姉さんが「①私の鉛筆を知らない？」と言いました。でも太郎君は②それがどこにあるか知らなかったので、「③僕は知らないよ」と答えました。「うそ、昨日④あなたに貸してあげたじゃないの！」とお姉さんが怒って言いました。

　①の私とはだれですか（お姉さん）

　②のそれとは何ですか（鉛筆）

　③の僕とはだれですか（太郎君）

　④のあなたとはだれですか（太郎君）

言語認知障害の克服―最後の関門―

　言語認知障害児にとって、人称の理解というのは、大変な関門です。自我の発達と密接にかかわっているから、脳内の根は深いところにあります。情緒的感情（気持ち）は、相手との同じ気持ちを共感し、共有したい表れです。快不快ではないもっと複雑な感情（えも言われぬ）が、芽生えてきたかどうかだけでなく、相手及び第三者の存在を、言語的抽象的に（視覚野もなく）意識できているかということと、密接な関係にあるからです。

　私たちには、どうということない問題に思われます。言語野はふつう大脳左半球に、理論言語野、表出言語野という領域があり、また別に独立して気持ちの理解を司る領域があるそうです。発達障害児ではそれぞれの領域にダメージがあることが、今日科学的検査によってわかってきました。言語失行という診断名が付けられるようですが、そこが正常な私たちには及びつかない世界なのです。

　高機能者は、長い文章を読んだり、作文の得意な人もいます。中には、達者な文学的表現をする人もいます。しかし、自我が獲得されていませんから、どうしても自己中心的になります。犯罪をおかしても、とうとうと理屈を述べ、自己防衛や逃避に始終します。小説の中の主人公の行動は、いつしか自分（高機能者）の経験と重なって、自身の実体験となってしまいます。自我獲得未満、せいぜい萌芽（めばえ）期のレベルでは、そうなります。

　それらを聞いてしまうと、私たちはフィクション（ウソ）だとわかりますが、本人はウソをついているつもりはなく、まして自己防衛のための言動だとは思っていません。

　人称理解、情緒的共感、自我の獲得。この３つは、何でも話せる高機能者の言語と行動を読み解く鍵となります。ウソをついているつもりのない彼らの虚言と実行動に、しばしば悩まされる読者には、ここのところを理解してあげてほしいと思います。

　抽象概念の獲得に向けて、このあたりの学習をていねいに根気よく進めてあげる必要があります。概念学習の最後の勝負どころといえます。その先に内言語領域（第四段階）の関門が、門戸を開けて待っています。

ステップ56 立場に応じたことばの使用・会話

　基本的なあいさつことばや受け答えのパターンを覚えていても、それを相手の状況や自分の立場に応じて使いこなすのは至難の業です。電話をしているお母さんに向かって大声で話しかけてしまったり、人の話に割り込んで話題と関係のない質問をしてしまうなど、本人は悪気はないのですが、周囲は困ってしまうこともあるでしょう。

　目には見えない相手の感情の動きや場の雰囲気を読むことが難しいのは自閉症の特性のひとつです。ですから、社会生活を円滑に行なっていくためには、その場その場でのスキルを教えていくことが必要です。私たちが外国語を覚えるときのように、こういう場面では、こういうことばを使う、ということをパターンで教えます。そしてそのパターンを、少しずつ増やしていきます。このときも、プリント学習をしてから口頭での練習という手順を踏むとよいでしょう。

あいさつ／応答／かけ声・呼びかけ・感嘆のことば

　ステップ35で学習した、「朝のあいさつは—おはようございます」「プレゼントをもらったら—ありがとうございます」などの基本的なあいさつことばに加え、励ましのことばやいたわりのことば、気の利いたことばや季節にあったことばのパターンを増やします。

　丁寧語でパターニングを相手や場面に合わせてことばを使い分けることが難しいことが多いので、基本的には最初から「〜です」「〜ます」調の丁寧語で教えるとよいでしょう。学年が小さいころは、ことば遣いが丁寧すぎる気がするかもしれませんが、高校生くらいになると、丁寧語が自然に使えるだけで、受け手の印象がとてもよくなります。

【出題例】なんと言いますか。
① あいさつことば
　職員室に入るときは（しつれいします）
　初めて会う人には（初めまして）
　大みそかにあった人には（よいお年をおむかえください）
　お正月のあいさつは（あけましておめでとうございます。今年もよろしくお願いします）
　職場から帰るとき（お疲れ様でした）
② 応答のことば
　おばさんの家でご飯をごちそうになりました。おばさんが、「ご飯のおかわりはいかがですか」と言いました。
　おかわりしたいときはなんといいますか。（はい、いただきます）
　おなかがいっぱいのときはなんといいますか。（いいえ、もうけっこうです）
③ かけ声、よびかけ、感嘆のことば
　転んで泣いている子には（大丈夫ですか）
　風邪をひいている人には（お大事に）（早く治るといいね）（無理しないでね）
　運動会のリレーのとき、なんと言って応援しますか。
　（フレーフレー）（がんばれ）（ファイト）（負けるな）

　また、イラストを見て吹き出しにセリフを書かせたり、文中のセリフを考えさせる、というパターンも練習しましょう。合わせて、イラストを見て、セリフの入った文を作る練習、さらにセリフの入った文を読む練習も行ないます。音読をする中で、「大丈夫ですか」ということばを優しい言い方で言うなどのように、語調や緩急、声の大きさなどの表現方法をモデルを示しながら教えていきます。

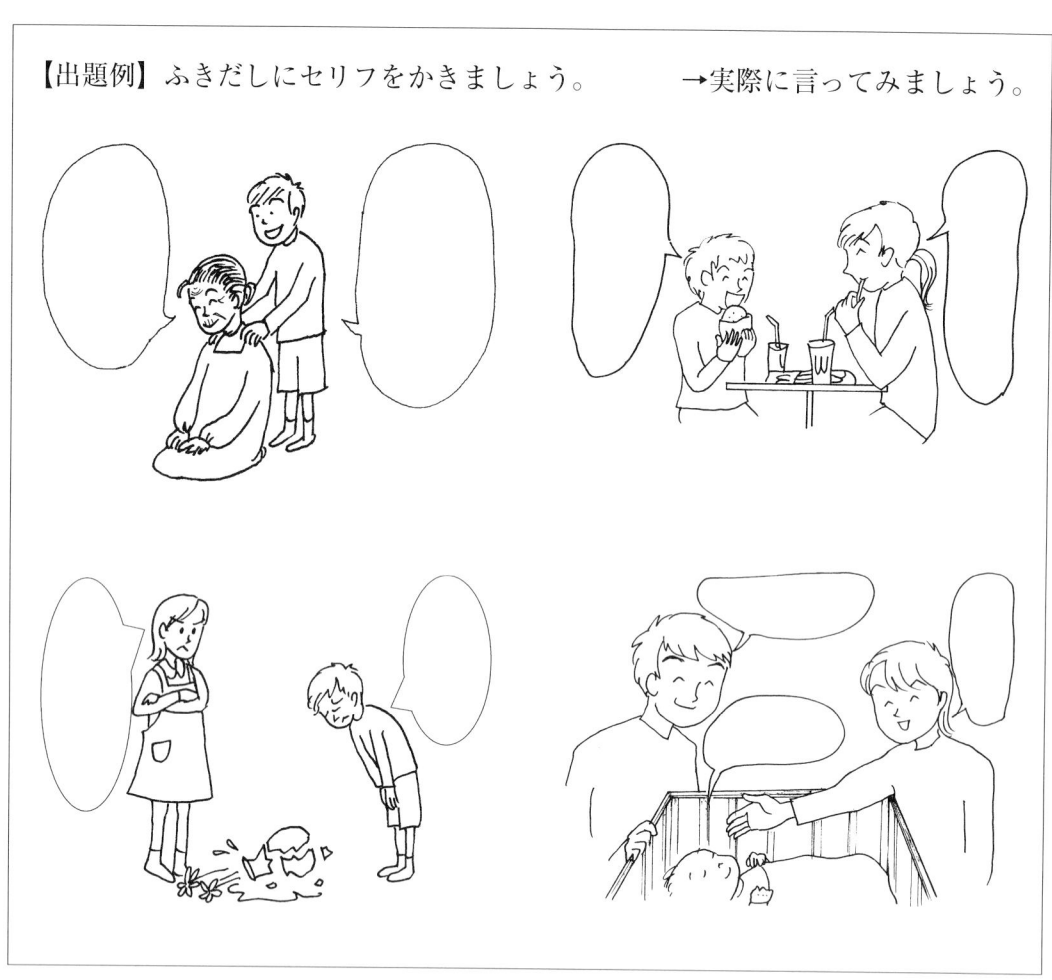

【出題例】ふきだしにセリフをかきましょう。　　→実際に言ってみましょう。

報告・連絡・相談

「報・連・相」は、社会生活を行なっていく上では欠かせないスキルです。

家庭でお手伝いをする場合も、勝手にやってしまうのではなく、「お風呂掃除をしてきます」と一言お母さんに断る（許可を取る）、終わったら「お風呂掃除終わりました」と報告することができるように指導しましょう。わずらわしいと思うかもしれませんが、自閉症児者の行動はこだわりやマイペースになりやすい傾向があるため、『他者が介在する』という状況を積極的に作っていくことが、適応力につながります。毎日やっていることでも、「今日は、お母さんがお風呂掃除をしておいたので、あなたはトイレ掃除をしてください」「先に宿題をしてから、お風呂掃除をしてください」というように、応答のパターンを変えても応じることができるか、常にチェックしておきましょう。勝手にやらずに、お母さんの許可をとることをパターニングすること

で、相手の反応に合わせて自分の行動をコントロールすることを教えていくのです。

会話のマナー

　人に話しかけたり、会話をするパターンを増やす一方で、話をするときのマナーを教えていきましょう。
・自分のペースでいきなり話しかけずに、相手の状況を見て話しかけてよいかどうか判断する。
・人が話しているときに、相槌を打つ。
・伝言や電話の応対などで、覚えられないときはメモを取る。
・ことばをうまく聞き取れなかったときに、「もう一度言ってください」と聞き返す。
・言ってよいこと、悪いことの判断（ステップ59を参照）

　など、スムーズに会話をするための技術を教えます。プリントで書かせるだけでなく、実際場面でも練習して、使用できるようにしましょう。

【出題例】
・いつ話かけたらよいですか。
　お母さんが電話をしているとき（電話が終わったら話しかけます）
　お母さんがトイレに入っているとき（トイレから出たら話しかけます）
　お母さんがお客さんと話しているとき（お客さんが帰ってから話しかけます）
　話しかけてよいかどうかわからないとき、なんて言ったらよいですか。
　（今、お話ししていいですか）
・なんて答えますか
　かわいい服ですね→（ありがとうございます）　※「はいそうです」と言わないように
　このアニメ、すごく面白いんだよ→（へえー。面白そうだね）
　ぼく、100点だったよ→（すごいね）（うらやましいな）
・実際場面で、
　お母さん「お風呂が沸いたから、お父さんに言ってきてください」
　→お父さんの所に行って、「お父さん、お風呂が沸きました」
　お母さんの所に戻って、「お父さんに伝えました」

※注意点：予期に反した言いつけ（お願い）に出会うと、怒り出す自閉症児はこの段階にきても多くいます。「トイレ掃除をしてから、お風呂掃除をしてください」だけでなく、「お風呂掃除の前に、トイレ掃除をしてください」とか、言い方にも変化をつけてください。そうすると、同じパターン行動でも、ちょっと考えてから行動に移そうとします。ちょっと考えると、衝動的に怒ることは少なくなります。

パターンというのは、考えることではなく、いつもの通りの順番でやってしまうことです。トイレ掃除が先のパターンでも、あえて「お風呂掃除と、トイレ掃除を、どっちを先にやりますか？」と問いかけおくだけでも、考える回路は働きます。パターンは崩せないけれども、頭の中で一度考えさせる。とても大事なことです。

パターンこわしが大切とは、指導者がいつも言われることですが、それにこだわるあまり、かえって反発を強くしてしまい、結果同じパターンを強くしてしまうことはよくあります。行動としてパターンは崩せなくても、そこに至る過程の変化をもたせること、即ち少し待たせたり、迷わせたり、考えさせるということもパターン崩しの1つになると心得てください。

ステップ57 問題解決

「困ったことがあったときにどうしたらよいか？」という問題解決方法を考える学習です。問題の解決には、①問題の状況を把握する、②それに対応する方法がわかる、③その対応法を実行する、というさまざまな要素を総合した能力が必要です。これまでの概念学習で身に付けてきた知識を試される課題なのです。

プリント学習でパターニングする

問題解決の能力を養うには現実場面で練習することが大切です。しかしその前に、プリント学習で文字で書かせておくと、より効果的に学習を進めることができます。

[方法1] 選択形式で適切な方法を選ぶ

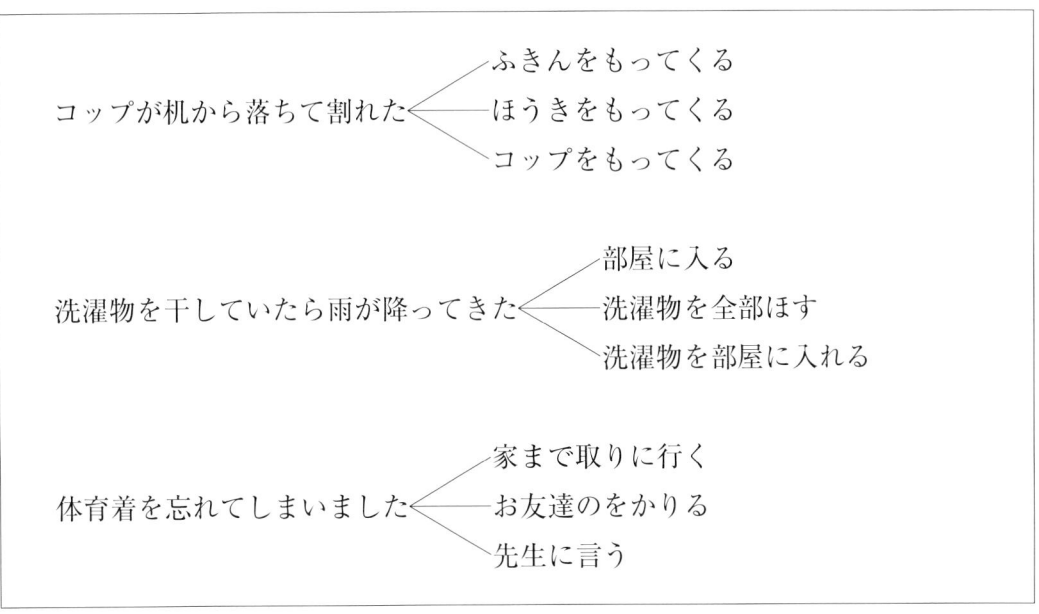

[方法2] 解決方法を書く

【出題例】
お茶をこぼしてしまいました。どうしますか。(ふきんでふきます)
靴下に穴が開いています。どうしますか。(新しい靴下に履き替えます)
　(お母さんに頼んで縫ってもらいます)
ご飯中にお箸を落としてしまいました。どうしますか。(拾って洗います)
高いところにあるものが取れません。どうしますか？
　(椅子をもってきます)(お母さんに頼んでとってもらいます)

　問題解決には、①2人で解決するもの、②人に伝えて解決するものの2つがあります。この2つを分けて学習を進めていきましょう。自閉症者の場合、特に②のパターンが苦手です。人に助けを求めることは、社会生活の上で非常に重要なスキルです。

【人に伝えて解決する問題例】
・どうしたらよいですか。(　)に○か×をつけましょう。
　切符を入れたら自動改札の扉がしまってしまいました
　　(　　) 扉を飛び越えます
　　(　　) 大声を出します
　　(　　) 駅員さんに言います

・こんなときどうしますか？
　①レストランで
　　使っていた割り箸を床に落としてしまいました
　　頼んだ料理が1つだけきていません
　②公園で
　　ボールが隣の家の庭に入ってしまいました
　　ブランコをしたいのですが、他のお友達が使っています
　③学校で
　　算数の教科書を忘れてしまいました
　　消しゴムを落としてしまいました

実際場面で問題解決のための行動ができるように練習する

　プリントでパターニングができたら、実際場面で不足状況をあえて作り、解決方法を考え、実際にできるように練習します。迷ったときに、プリントで学習したことばで問いかけるとよいでしょう。

【例】
　お箸を落としたときに、「お箸を落としてしまいました、どうしますか？」と聞く。
→「拾って洗います」。学習したことばがヒントとなり、行動につながります。

　このくらいの学習段階になると、身の回りのことはかなり1人でできるようになり、学校や家の中での行動もパターン化してしまって、あまり考えなくてもできてしまうことが多いものです。また、ちょっと困ったことがあると、お母さんが阿吽の呼吸で解決してあげている場合もあります。これでは、思考する力はつきません。

　手を洗おうとしたら石鹸がなかった、トイレットペーパーがなくなった、カレーなのにフォークが出してあった、そんな状況をあえて作り、お母さんが先回りして解決してしまわずに、少し見守って、どうしたらよいか考えさせるようにしましょう。コロロでは、「1日10個、小さないじわるをしましょう」とお母さんに伝えています。ただ放っておくのではなく、困って動けないでいるな……というときは「どうしたらよいですか？」と考えさせるようにします。自分で解決できないときは、ヒントを出して、適切な行動パターンを教えましょう。パニックにさせてはいけませんが、困って少しイラッとするくらいなら訓練効果があります。実生活で体験したことは、学習の中で問題として提示し、振り返って言語化させておくとなおよいでしょう。

※注意点：朝食の忙しい時間に、わざと箸を1本だけ出しておく、というような課題はやめましょう。忙しい時間帯は、適当に介助を入れて（自分1人でできることでも）、スムーズに次から次の行動へと移行していくことが大切です。いじわる課題は、一番くつろげる夕食時がよいでしょう。考えさせるパターンこわしのための時間と、生活場面がスムーズに流れていく時間帯との両方のバランスが1日の中で、組み込まれることが重要です。その子にとって難しい日常生活での課題は、学習時間に場面を設定して、解決する練習をしておく方が賢明です。

コラム⑭
日常的に頭を使う訓練を

　できるようになった問題は、よく考えなくてもパターンで反射的に答えてしまうことがよくあります。算数の計算のように機械的にパターンでできるものはどんどん進んでいくことが多く、逆に文章題などよく考えなくてはならないものだと、初歩的なものでも間違いが出やすい傾向がみられます。

　ですから学習をしていく中で、「頭を使っているか？」（あるいはパターンで作業的にやっているか）を見定めていくことが大切です。そして頭を使わせるためのいじわる問題、ひっかけ問題を学習課題に加えましょう。問題作成をする大人の頭の柔らかさが求められる課題でもあります。

　最近では、高齢者向けに認知症予防の脳トレドリルなどが書店にならんでいます。こうした教材は、「頭を使う教材」として、発達障害児の学習にも役立ちます。間違い探しやクロスワードパズルなどがよい子もいます。「どんな問題なら考えるかな？」という視点で、教材を選定しましょう。

・よく読んで答えましょう
　　大きい数に○をつけなさい　　（４　　２）
　　大きい数に×をつけなさい　　（８　　５）
　　小さい数に○をつけなさい　　（１　　９）
　　２つの数を足しなさい。　　　（４　　６）

・同じことばを繰り返しましょう。
　「りんご」→「りんご」
　「だるまさんがころんだ」→「だるまさんがころんだ」
　「りんごはなにいろ」→×「あか」　　　「りんごはなにいろ」が正解
　「てをあげる」→×手をあげてしまう　　「てをあげる」が正解

・んで終わることばを書きましょう
　　　（みかん）（アンパン）（　　　）（　　　）（　　　）（　　　）

- □の中から選んで答えなさい

  | みゆきちゃん　　とうきょうゆき　　こなゆき　　ゆきみだいふく |

  女の子はだれですか　　　　　（みゆきちゃん　　　　）
  食べられるものはどれですか　（ゆきみだいふく　　　）
  空から降るゆきはどれですか　（こなゆき　　　　　　）
  乗り物はどれですか　　　　　（とうきょうゆき　　　）
  花はどれですか　　　　　　　（ありません　　　　　）

　頭を使う訓練は、学習時間だけでなく生活全般にわたって行ないましょう。「少し考えさせる」ことを常に意識して接することです。

- お手伝いの中で

  「今日は午後から雨です。洗濯物はどこに干しますか？」
  「今日の気温は25度です。何を着ていきますか？」
  「みかんを20個持ってきてください」（かごを持っていけますか？）
  「グラスを10個用意してください」（お盆にのせられますか？）
  「お客さんに飲み物はコーヒーがいいかお茶がいいかを聞いてきましょう」（人数分、覚えられますか？）
  100円渡して、「自動販売機でジュースを買ってきて」（足りませんと言えますか？）

　日常生活はどうしてもパターンになりやすいものですし、ある程度パターン化していた方がスムーズに流れていきます。けれども、パターン化が強すぎると、急な変更に耐えられなかったり、困った状況になったときに動けなくなってしまいます。毎日の生活そのものがトレーニングの場と考え、少しのいじわるや変更を意図的に加えることで、思考判断して行動する力が身に付き、自己コントロールができるようになっていきます。指導者側の根気と工夫が求められる部分ですが、子どもの反応を見ながら、次はどんな問題を出そうか？　と頭をひねるのも、なかなか楽しいものです。大人が楽しむ。それで子どもの脳が活性化するのです。

　日常生活場面で不足が生じたとき、特に社会生活の中ででは、いじわる問題としてこの課題に取り組むことはお勧めしません。せっかくスムーズに行なっている日常生活・社会生活をこわしかねないからです。あくまでお母さんが課題として、意図的に策定しレベルを考えて与えたいじわる問題こそが、療育効果をあげるのです。

ステップ57　問題解決

58 ステップ お金と買い物

　お金の意味がわかって買い物することが最終目標ですが、そのためにはお金の扱い方を覚えなければなりません。量の概念を理解する上でも重要な課題です。お金の扱い方に慣れてきたら、ご褒美にお小遣いをあげるなどして、お金の意味に気づかせていきます。お金の意味に気づいた方が学習の理解が早まります。机上の学習では限界がありますから、実際の硬貨を実際場面で使用していくことが必要です。

お金を数える、取り出す

【硬貨の命名】
　事前に、3ケタの数の読み書きができるか、硬貨に書いてある数字が読めるかをチェックしましょう。それができていたら、各硬貨の名前を覚えていきます。はじめは違いがわかりやすいように、実物の硬貨を使って覚えます。

①マッチング　

| 100えん | 50えん | 1えん | 10えん | 500えん | 5えん |

②書き出し

③聞き取り　「○えんを ください」

④口頭質問　「これは いくらですか？」→「○えんです」

　実物を見てもわかりにくい場合には、違いのわかりやすいイラストやおもちゃの硬貨を使用してみましょう。また、実物でできたら、次の読み取り課題にむけて、手書きのイラストでもできるようにしましょう。

【1種類の硬貨の読み取り】

まず、金種を 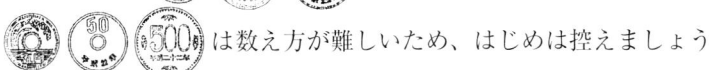 に限定し、それぞれ複数枚の数え方を覚えましょう。

は数え方が難しいため、はじめは控えましょう。

① 10とびの数列を書けるようにします。

　　10 ― □ ― 30 ― □ ― 50 …… 100

　まず、紙に書き出しましょう。書けるようになったら、声に出して言えるように練習しましょう。

②

③ でできるようになったら、 についても同じように、100とびの数列と複数枚の数え方ができるようにします。

④ 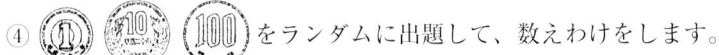 をランダムに出題して、数えわけをします。

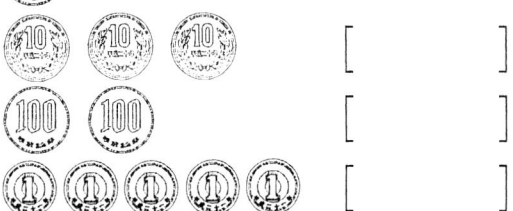

　イラストでできたら、実物の硬貨でも取り組みましょう。

　金種の違いを判断して数えられるかがポイントです。1枚目の硬貨を見て、自分で判断して答えられるか確認しましょう。難しければ指さしをして、見るように促してみます。

　金種を増やす際には、まず1種類ずつ確実にできるようにし、次に2種類で区別します。

（ と 、 と ） それができたら、さらに3種類でできるようにします。

【1種類の硬貨の取り出し】

　読み取りができたら逆に、金額を見て硬貨を取り出すこともできるように練習します。

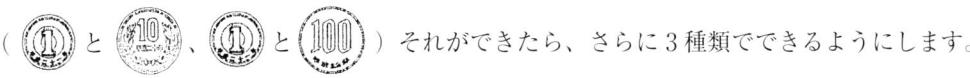

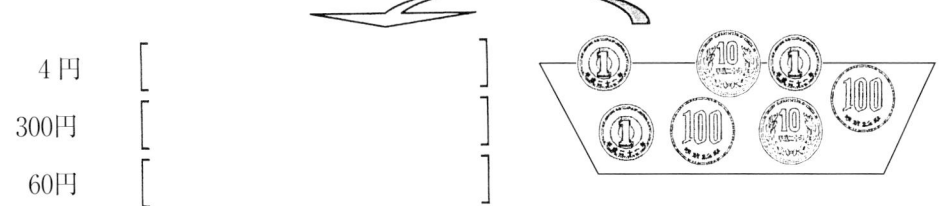

　　4円　　[　　　　　　　]

　　300円　[　　　　　　　]

　　60円　　[　　　　　　　]

ステップ58　お金と買い物

【2～3種類の硬貨の読み取り】（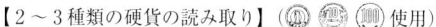使用）

3種類の金種での金額の読み取りを覚えましょう。

①

まずは、硬貨のイラストや実物の硬貨の下に数字を書き入れながら数えます。

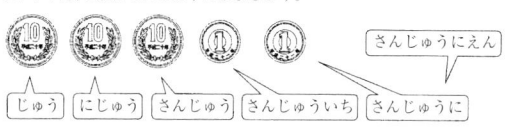

次に、口頭で数えられるようにしましょう。

② 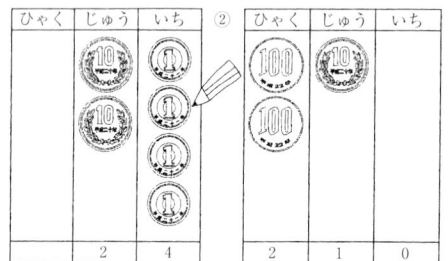の組み合わせで、同様に取り組みます。

③ 2種類の読み取りができたら、3種類の金種での読み取りを練習しましょう。

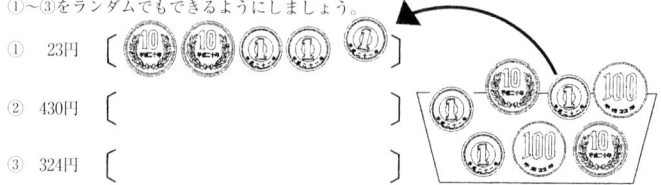

※硬貨が横並びだと数えにくい場合には、表形式で位毎に数えて答を書き入れましょう。

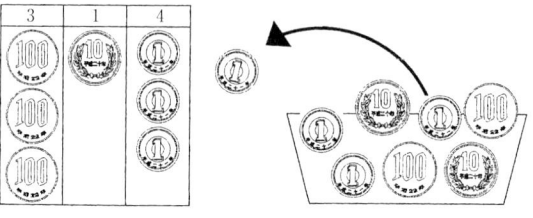

位の読みを書いておくと
わかりやすいです。

お金はあらかじめ
並べておきます。

位ごとに上から数えて、
合計を書き入れます。

表に数字を書き入れることができたら、口頭でも答えられるようにしましょう。
実物でもイラストでもどちらでもできるようにしましょう。

【2～3種類の硬貨の取り出し】（使用）

読み取りができたら、指定された金額の硬貨を取り出す課題に入ります。
読み取りと同じ様に、123の順番で、取り組みます。それぞれができるようになったら、
①～③をランダムでもできるようにしましょう。

① 23円

② 430円

③ 324円

硬貨を横に並べることが難しければ、下記のような表形式でやってみましょう。

148　第5章　いよいよ概念の海へ―船出し、潜水し、他国の岸に浮き上がろう―

【の数え方】

で読み取りや取り出しがスムーズにできるようになったら、
の数え方も、同様の手順で進めていきましょう。

①はじめはそれぞれで、位のおなじの硬貨との組み合わせで練習します。

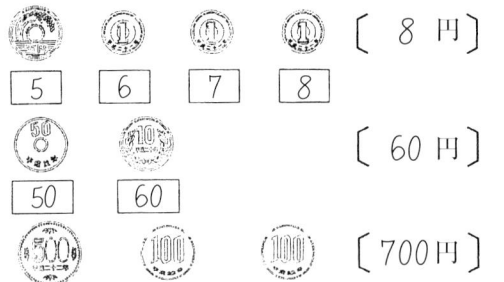

[8 円]
| 5 | 6 | 7 | 8 |

[60 円]
| 50 | 60 |

[700 円]
| | 00 | 700 |

□の中に数字を書き入れて数えられるようになったら、口頭でも練習しましょう。

②他の位の硬貨も入れ、て数えましょう。

[26 円]

[162 円]

ひゃく	じゅう	いち
	50	
100	10	1
		1
1	6	7

※わかりにくい場合には、表形式で取り組んでみましょう。

【お買い物に向けた発展課題】

机上でのお金の読み取り取り出しができたら、パターン崩しとしてさまざまな出題形式で練習しましょう。

①手のひらにお金を乗せて数える

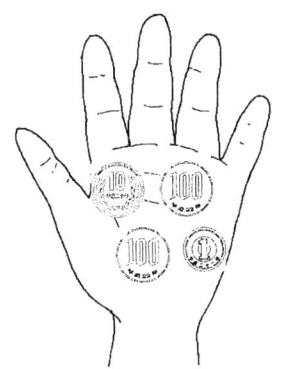

②お財布から品物の値段に合わせたお金を取り出す

イラストを見て

チラシを見て

他に……実物を見て、スーパーの売り場で、など

ステップ58　お金と買い物

> 買い物

　買い物ができるためには、品物と財布の金額の照合、判断するという数的な操作、いろいろな形の財布から取り出すという技術的な問題、そしてことばによるやりとりや社会的マナーなど、総合的な力が必要になります。むしろ、数的操作よりも社会的行動の方がより重要で、かつ難しいと言えます。さまざまな状況を想定して練習を積んでいく必要があります。

1） 買える、買えないの判断

【出題例】
①数の大小判断
　　・大きい数に○を書きましょう。
　　　（300　　150）　（400　　520）　（1000　　890）

　3～4ケタの数の読みが正しくできるかどうかも確認しておきましょう。

②買える、買えないどっちですか
　　持っているお金の方が多い＝買える

　　100円持っています。120円のジュースは（買えない）
　　500円持っています。250円のノートは（買える）
　　400円持っています。300円のお菓子と、150円のアイスは（買えない）

③おつりの計算
　　1000円持っています。500円の本は買えますか。おつりはいくらですか。
　　500円持っています。600円の筆箱は買えますか。いくら足りませんか。

　買える、買えない、足りる、足りない、高い、安いなどのことばを覚えておきましょう。

2） ちょうどよい金額を出す

　買える、買えないの判断ができたら、所持金をすべて出すのではなく、ちょうどよ

いお金を出すことも練習しましょう。

【出題例】

500円玉1枚と、100円玉2枚持っています。
　どれを出しますか。
　　50円のガム（100円玉1枚）
　　120円のジュース（100円玉2枚）
　　250円の消しゴム（500円玉1枚）

3）暗算の練習

複数の物を買うときに金額を予測できるように、暗算の練習もしておきましょう。

① AとBとCを買ったらいくら？（3〜4ケタの数2〜3個の足し算）
② 1000円持っていて、650円買ったらおつりはいくら？（3〜4桁の引き算）
③ 300円の物を4個買ったらいくら？（かけ算）

練習問題を作成して繰り返し練習し、短時間で暗算ができるようトレーニングをするとよいでしょう。頭の中で計算ができない場合は、紙に書いて計算をするところからスモールステップを踏みましょう。なかなか暗算が難しい場合は、電卓の使い方を教えてもよいですが、電卓では暗算の課題になりません。

暗算の練習用教材

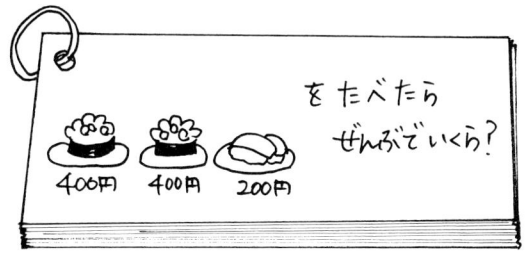

教材はお母さんのバックに入れて持ち歩ける大きさで作成しておくと、ちょっとしたスキマ時間にも学習をすることができる

こうして身につけた買い物スキルは、日々の暮らしの中で強化、定着させていきましょう。
・チラシを見て、500円で買えるお菓子の組み合わせを選ばせる
・買い物の計画を立てて、予算内で買い物をする
・お小遣い帳を付けて、お金を管理する

成人期になって、小遣い帳（家計簿）を付けるのは、自己管理のためにも、日々の学習課題としてもとても意義がありますので、早いうちから習慣づけておくとよいでしょう。

4） 買い物のマナー

　実際に買い物をする上でのマナーについても学習しておきましょう。

【出題例】

・本屋さんに辞書を買いに行ったら、好きな漫画の最新刊が出ていました。どうしますか。
　　（　　）辞書を買わずに、漫画を買います
　　（　　）辞書を買って、漫画は本屋さんで読みます
　　（　　）辞書を買って、お金が無くなったので、漫画は持って帰ります
　　（　　）辞書を買って、家に帰ってからお母さんに漫画を買っていいか相談します

・お母さんに10個入りの卵と1.5ℓのコーラを買ってくるように言われましたが、お金が足りませんでした。どうしますか。
　　（　　）何も買わないで帰ります
　　（　　）違うお店に行きます
　　（　　）小さいサイズの卵とコーラを買います

・買い物をするとき、レジではどのようなことに気を付けますか
　　（静かに列に並ぶ）（空いているレジに並ぶ）（おつりをもらう）

・スーパーに算数のノートを買いに行きましたが、どこにあるかわかりません。どうしますか。
　　（店員さんに、「算数のノートはどこですか」と聞きます。）

・ドーナツ屋さんで、シュガードーナツを5個買って帰ります。何て言いますか。
　　（「シュガードーナツを5個ください」と言います）

　「店内でお召し上がりになりますか？」と聞かれたら、何と答えますか。
　　（「いいえ、持って帰ります」と言います）

・次のことばの意味を説明しましょう
　　万引き　（　　　　　　　　　　　　　　　　　　　　　　　　　　）
　　立ち読み（　　　　　　　　　　　　　　　　　　　　　　　　　　）

賞味期限（　　　　　　　　　　　　　　　　　　　　　　　　　　　）

　お金にまつわることは、いじめや犯罪など、社会生活の中のトラブルに密接に関係しています。お小遣いを持たせているならばなおさら、友達とお金の貸し借りをしない、○円以上の物を勝手に買わない（お母さんに相談する）など、明確なルールを伝え守らせるようにするとともに、管理しきれないお金は持たせない、親が定期的に残高のチェックをするなどの環境設定も欠かせません。

銀行口座は、自分以外の名前でつくることができますか。（　できません　）
お金をおろすとき使う物は何ですか。（　通帳　）（　キャッシュカード　）
通帳を使って窓口でお金をおろすときは、何が必要ですか。（　印鑑　）
キャッシュカードでお金をおろすとき、打ちこむ番号はなんですか。（　暗証番号　）
なぜこのような番号があるのですか。（　お金をおろす人の本人確認するため。　）
この番号を人に言ってもいいですか。（　だめです．　）
それはなぜですか。
（　暗証番号を知っている人がキャッシュカードを使って勝手にお金をおろすことができてしまうから。　）
（　　　　　　　　　　　　　　　　　　　　　　　　　　　　　　　）

　20歳の青年の学習例。キャッシュカードは母親が管理しているが、知識としてキャッシュカードの仕組みや暗証番号の重要性を教えている。現在（24歳）は指定されたときに自分でお金をおろすこともできる。

※注意点：行列のできているスーパーのレジで、この課題をさせるのは止めた方が無難です。たくさん買物をしたレシートをみて、いちいち計算して確認するのはよいですが、家に帰ってからの学習課題としましょう。
　　　　昔は、駄菓子屋やおもちゃ屋のおばさんが、こうした子どもの相手をしてくれたものでした。現代でそれに代わるのは、コンビニです。コンビニ店の人にあらかじめ頼んでおき、応じてくれる店があれば、1人で行かせるのもよいでしょう。

道徳的判断と自己抑制／常識・マナー・規則

　問題行動は、快・不快の感情と社会的善悪が結び付かず、感情の直接的表現として引き起こされます。これは自分の行動が、対する相手をどのような気持ちにさせるのか、という他者への置き換えができないことが原因です。しかしこのような感情洞察力が発達するまでには時間がかかります。ですから、最初は行動の善悪を徹底的にパターニングし、行動の直前に、善悪の判断をさせるということにねらいをおいて学習を進めます。

　まず、「○＝よい＝する」「×＝わるい＝しない」という判断基準を教えます。さらに、現実場面をことばに置き換え、その場で何をすべきか（何をしたらいけないか）を判断させ、実際にその判断が実行できるかを試していきます。

　基本的な善悪判断の基準を教えたら、次に日常生活の中でよく起こる問題場面をことばに置き換え、プリントで学習します。善悪だけでなく、その理由を書かせることで、本人にとって何が判断基準となっているかを確認しておきましょう。指導者側もこのような学習を通して、自己中心的思考や短絡的、未熟な考え方に、初めて気がつくことがあります。子どもの思考パターンを理解するためにも、文字学習はとても役立つのです。

　もし、自分自身の快不快によって、行動の善悪を判断している場合には、感情と行動の区別（欲しいけれどお金がないから我慢する）や、相手の気持ちの理解（迷惑だからやめておく）を促していくことが必要です

質問文によるパターニング

○×判断から始め、「はい、いいえ」、行動判断へと進めましょう。

- よいことに○、悪いことに×をつけなさい。
  鼻をほじる（　　）　　お手伝いをする（　　）　　お友達をたたく（　　）
  給食を残す（　　）　　11時まで起きている（　　）　宿題をする（　　）

- 言ってはいけないことばを5個かきなさい。
  （ばか、くそばばあ、死ね、殺す、うざい）
- 太っている人に「太ってますね」と言っていいですか（いいえ、いけません）
- 爪を噛むのはよいことですか？（いいえ、いけません）
- 転んだ人に「大丈夫ですか？」というのはよいことですか？（はい、よいことです）

  言ってよいことですか？悪いことですか？
  - 「髪の毛が少ないですね」という。（　　　）
  - お友達に、字がきれいだね、という。（　　　）
  - 女の人に「何歳ですか？」と聞く（　　　）
  - 電車に乗っていたらかわいい女の子がいました。近づいて行って「かわいいね」という。（　　　）

どうしていけない（よい）のか、理由を書く

善悪の理由を明確にし、どう行動すべきかを考えさせます。

【出題例】
① よいことですか、悪いことですか。理由も書きましょう。
  - お母さんのお手伝いをする（よいこと）／理由（お母さんが助かるから）
  - ゲームを2時間やる（悪いこと）／理由（勉強ができなくなるから）（目が悪くなるから）

② どうしたらよいですか？
  - お友達の漫画を勝手に読む（悪いこと）／理由（人のものを勝手にとるのは泥棒だから）
    では、どうしたらよいですか（お友達に、「かして」と言います）
  - 電車の中で大きな声を出す（悪いこと）（うるさいから）（迷惑になるから）
    では、どうしたらよいですか（静かにします）（小さい声で話します）

③ 文を読んで問題に答えましょう。
  太郎君はお母さんと勉強しているとき、答えを間違えました。お母さんがプリ

ントに×を付けました。太郎君はプリントを破いて投げました。
・お母さんはどうして×をつけたのですか（　　　　　　）
・太郎君はどうしてプリントを破いたのですか（　　　　　）
・答えを間違えたのはだれですか（　　　　　　）
・悪いのは、太郎君ですか。お母さんですか（　　　　　　）
・お母さんが×を付けたとき、太郎君はどうすればよいですか？
（　　　　　　　　　　　　　　　　　　　）

本人の行動問題に対応した出題をすることで、行動修正につなげていきます。

【出題例】へりくつの多い子どもへ
宿題を忘れたときに、言ってよいことに○、言わない方がよいことに×をつけなさい。
宿題はしたけど、弟が醤油をこぼしたのでもってこられませんでした　（　）
やろうと思っていたけどお母さんにお使いをたのまれたので忘れました　（　）
やったけどおかあさんが掃除をしたときになくしてしまいました　（　）
宿題をわすれました。すみません。これからは気をつけます　（　）
もってきたけどランドセルに入っていないみたいです　（　）

　当然、事実関係を確認したうえで対応するわけですが、子どもの普段の言語行動パターンを周囲の大人が正しく把握し、初めから子どものことばをうのみにしないようにする姿勢は常に必要です。

　善悪の理由は、本人の概念レベルに合わせて、理解できることばで教えます。抽象的で曖昧な表現ではピンときません。指導者側の力量が問われる部分でもあります。特に問題行動が頻発している場合、思考が働かず、行動が衝動的で反射的になっています。ことばは話していても、その内容は自己中心的、屁理屈、被害妄想などが多く、お母さんを殴っておきながら「あのくそばばあ（お母さんのこと）がこんなこと言ったから俺が殴るのは当然だ。あんなやつ殴られても仕方ない」と言って自分の暴力を肯定したり、人の定期券を盗ったことを責められて「この定期は盗んだのではなく拾っただけだ」と開きなおりともとれる発言をすることが実際にあります。

　時には、厳格な雰囲気で「この行為は犯罪です」「これは規則です」などと強く明確なことばで伝えたほうが理解でき、善悪の判断に結び付くこともあるのです。暴

力、暴言、物損などの破壊行為、動物や人間の殺傷……当たり前にわかっているだろうと思われる、『してはいけないこと』が、実はわかっていないことがあります。また、危険な行為や危険物に対する偏った興味関心が見られることもあります。社会における善悪、やって良いこと悪いことを正しく教えていくことは、養育者、子どもに関わる指導者・支援者の責務として、目をそらさずに向き合っていかなくてはならない重要な課題だと思います。

常識・マナー・規則

　社会生活にはさまざまなルールがあります。それぞれの文化圏で暗黙の了解となっている常識、マナー、規則があり、社会の秩序が保たれています。しかし、このような暗黙のルールは、目に見えず、言語化されることもないため、大変わかりにくいものです。そうしたものにいつの間にか気づき察する、ということが難しいのです。ですから、一つひとつ言語化して教えていく必要があります。してはいけない、ということだけでなく、なぜいけないのか、どうしたらよいのかを明確にすることが大切です。

　また、他者の感情の推測が難しいため、自分の姿や行動が人からどのようにみられているか、気づきにくいところがあります。ひげをそる、髪をとかす、手をきれいに洗うなど、相手に対して失礼にならない態度がとれるように、基本的なマナーを教えます。これも、口頭で伝えるだけではなく、自分で書き出させ、文字で確認させるとよいでしょう。こうした学習と合わせて、朝の鏡の前での身支度をする際にチェックするポイントを教える、というように生活の中でルーティンとして身に着けさせるように指導しましょう。

　1）　身だしなみ、マナー

【問題例】
・気をつけることを3個書きましょう
　ご飯を食べるとき、気をつけること
　　（ご飯を口にいれたまましゃべらない）（10回以上噛む）（こぼさない）
　　※子どもの問題によって、導く解答は変わります。
　食べるのに時間がかかる子どもなら（15分以内に食べる、ちびちび食べない）
など、立ち歩いてしまう子なら（座って食べる）、食べ方にこだわる子なら（三

角食べをする、サンドイッチを分解しない、おにぎりののりははがさない）などです。学習場面だけでなく、実際場面で食べ方を指導することが欠かせません。

  傘を閉じるとき、気をつけること
  車から降りるとき、気をつけること
  お葬式で気をつけること
  トイレを使うとき、気をつけること
      トイレットペーパーは、（　　　）回折ってから切る
      ハンドソープは、（　　　）回押す
       使いすぎる子、逆に少なすぎる子には、回数を決めてルールを教えるとよいでしょう。

・よいですか、悪いですか
  学校にサンダルを履いて行ってもいいですか（　　　　　）
  レストランに行くときに、ランニングシャツで行ってもいいですか（　　　　　）
  お風呂の後、裸でリビングを歩いていいですか（　　　　　）

・どうしていけないのですか。理由を書きましょう。
  爪が伸びている（不潔だから）
  シャツがズボンから出ている（だらしないから）
  どろだらけの靴下で家の中に入る（家が汚くなるから）
    どうしますか（玄関で靴下をぬいで、洗濯場にもっていきます）
  3日間同じ服を着ている（汚いから）

2）ルール、規則

　社会生活のルールがわかっていないと、悪気はなくても相手を不快にさせたり、傷つけたりしてしまうことがあります。子どもの問題行動に合わせて、問題を作成してみてください。文字で書かせると、子どもの考え方や理解の度合いがわかります。行動の善悪について客観的に考え、言語化させ、誤った認識をしている場合には修正して教えます。こうしてプリントで解答ができたからといって、実際場面でよい行動ができるわけではありません。むしろ言行不一致であることのほうが多いかもしれません。ですから、実際場面での振る舞いを、その場で教え、修正していくことが必要です。

> 【出題例】子どもの問題行動に合わせて、問題を作成します
> ・割り込み
>   割り込みとは、どういうことですか。
>   (列に並ばないで、列の途中に入ること)
>   割り込みをされると、どんな気持ちになりますか。(いや)(ずるい)
>   割り込みをしてもいいですか(だめです)
>   では、どうしたらいいですか
>   (列の一番後ろに並びます)(あきらめてほかのことをします)
> ・無断外出とは
> ・期限を守るとは
> ・盗むとは
> ・立ち読みするとは
> ・道草をくうとは

　近年、高機能自閉症者が行なった傷害殺傷事件が、後から後から発生しています。
　コラム⑬「パターン認識」の項で、詳しく述べましたが、改めてこのステップでも述べておきます。
　　人を殺す→逮捕拘留→有罪判決→収監服役→謝罪反省のことば
　こうした新聞、テレビなどの報道が、高機能自閉症である本人に、「お前もその通り実行せよ」と迫る。報道の筋道が彼のパターン認識と合致して、強迫観念に迫られる。「やめろ」というパターンこわしの声さえ強迫観念となります。殺人実行→死刑より、パターンを崩されることの方が恐怖となってしまうのです。普通の人にはわかりずらい精神構造ですが、これがパターン認識の本性です。高度の文章力がありながら自我確立未満の、自他の区別がつかないことが、報道と自分の未体験をドッキングさせてしまうわけです。報道によって殺人を犯してしまった犯人(他者)が、いつしか自分自身になってしまうのです。「殺す相手はだれでもよかった」といって、一番やりやすかった祖父母を殺めてしまった、などという例はその典型です。
　このような事件を防ぐためには、小さい頃からウソをつく習慣をやめさせることです。そのためには、判断学習、さらなるパターンこわしの学習を行ない、パターン形成を軽減しておくことが不可欠です。パターンを軽減する習慣が身についていれば、自分が報道殺人の主人公になる、というような事件は防げるはずです。コロロメソッ

ドを行なう会員の家族から、そのような事件を起こした、という声はまだ聞いておりません。しかし、際どい報告はあります。杉並教室では、高機能児のための、行動障害対策室を設けて、相談に当っております。

　次に殺人願望防止問答集の一例を掲げます。まだ、実際に事件を生起した例はありませんので、触法障害者にこの類の問答を行なったことはありません。下手なやり方をすると、問答練習自体が、殺人行為へのパターン形成にならないとはかぎりません。例題は、まず読ませる、書かせる、実際に問答すると、使う神経ルートをさまざまに変えていってください。ねらいは、あくまで自他の区別と、相互の気持ちの理解です。ピストルは、おもちゃを使います。エアガンもいけません。ピストルの代わりに、刃物も絶対にやめてください。そこに凶器があった（見えた）、という理由が、殺傷の動機になった例さえありますから。

殺人願望のある高機能自閉症者のための防止問答型

A君（僕のこと）B君（お友だち）

　パターン１

B君がA君に弾の入ったピストルを向けました。
　　　　　　　　A君は何と言いますか？「やめてください」
B君が引き金を引き、弾を撃ちました。A君の肩に当たりました。
　　　　　　　　A君は何と言いますか？「痛い。何すんだよ。B君！」
B君がまた弾を撃ちました。今度はA君の胸（心臓）に命中しました。
　　　　　　　　A君はどうなりますか？「倒れて死にます」
死んだらA君はどうなりますか？「お葬式をして骨だけになります」
骨だけになったA君はどうなりますか？「体がなくなって、何もわからなくなります。」
A君はそうなりたいですか？「いやです。絶対にいやです」
A君を殺したB君はどうなりますか？「殺人犯として刑務所に入れられます」

　パターン２

A君がB君に弾の入ったピストルを向けました。
　　　　　　　　B君は何と言いますか？「やめてください」

A君が引き金を引き、弾を撃ちました。B君の肩に当たりました。
B君は何と言いますか？「痛い。何すんだよ、A君」
A君がまた弾を撃ちました。今度はB君の胸（心臓）に命中しました。
B君はどうなりますか？「倒れて死にます」
死んだらB君はどうなりますか？「お葬式をして骨だけになります」
骨だけになったB君はどうなりますか？「体がなくなって何もわからなくなります」
B君はそれでもいいですか？「だめです。絶対にだめです」
死んだB君のことをA君はどう思いますか？「かわいいそうです」
B君を殺したA君はどうなりますか？「殺人犯として刑務所に入れられます」

パターン３

A君はそうなりたいですか？（殺人犯として刑務所に入りたいですか？）「いやです。絶対にいやです」
A君は人を殺したいですか？「殺したくありません。殺しません」
どうしてですか？「殺された人（B君）がかわいそうだからです」
A君は殺されたいですか？「殺されたくありません。生きていたいです」
どうしてですか？「人殺しは悪いことです。絶対にやってはいけないことです」

ステップ59　道徳的判断と自己抑制／常識・マナー・規則

ステップ60 たとえのことば、隠れたことば（比喩／暗喩）、ことばの推理

　自閉症児が遭遇するトラブルの原因のひとつに、物事を表面的に、字面どおりにとらえてしまうという言語認知面での特徴が挙げられます。例えば、冗談でからかわれたのを本気にして深く落ち込む、相手に対して悪気はないのに、傷つけるようなことを平気で言う、ルールに厳格になりすぎて融通が利かないなどです。また、「お世辞」や「うそも方便」などの抽象的な概念はとてもわかりにくいものです。

　比喩表現を学ぶことで、間接的な表現方法の理解を促します。「まるで〜のようだ」というように他のことばで置き換えたり、ことわざや四字熟語の意味を覚えることを通して、ストレートでない表現があることを知らせます。

　また、自閉症者は「心の理論」の理解が難しいことが指摘されています。これに対応した問題も、学習に取り入れるとよいでしょう。

比喩表現、慣用句、ことわざ、四字熟語

【出題例】
- どんなようすですか
  盆のような月（まんまるの月）
  おばけやしきみたいな小屋（暗くて古い小屋）
- まるで〜のようだ、を使って文を作りましょう
  このワンピースはまるで（お姫様のように）かわいい
  あの子は足が速い。まるで（チーターのようだ）
  ひっくりかえって泣きわめくなんて、まるで（赤ちゃんのようだ）
  姿勢がよくて、まるで（モデルさんみたいに）かっこいい

- （　　　）をうめましょう

忙しくて猫の（手）もかりたい
　　ぼくは甘いものには（目）がない
　　歩きすぎて（足）が棒になった

・ことわざを使って文を作りましょう
　　鬼に金棒
　　七転び八起
　　悪事千里を走る

・四字熟語の意味を書きましょう
　　本末転倒
　　言語同断

ことばの推理、推測

　ことばに隠された意味や、人は嘘をついたりお世辞をいったりすることもあることなどは、とても理解しづらいものです。実感としてわかるまでには時間がかかります。まずは、こういうこともあるんだ、という理解でよいでしょう。実体験に近い事例で問題を作るとイメージしやすくなります。

【出題例】
・しずかちゃんはピアノの発表会で失敗してしまい、落ち込んでいました。お母さんが、「しずか、上手にひけたわよ」と言いました。

　しずかちゃんは上手にひけましたか。（いいえ）
　おかあさんが言ったことは本当ですか、うそですか（うそ）
　どうして「上手にひけたわよ」と言ったのでしょうか。
　（しずかちゃんを元気づけるため、なぐさめるため）
　うそをついてもよいですか（いけません）でも（なぐさめるためにうそをつくこともある）

・お友達が、あなたに「バカ」と言いました。

> あなたはバカですか？
> どうしてバカと言ったのでしょうか？
> からかう、とはどういうことですか？

心の理論に関する問題

「サリーとアンのテスト」で有名な「心の理論」問題は、自閉症児にとってわかりにくい部分のひとつです。『サリーとアンの二人が部屋で遊んでいました。サリーは、自分のおはじきをかごの中に入れて部屋を出ていきました。アンは、サリーが出ていった後、そのおはじきを自分の箱の中に隠しました。部屋に戻って来たサリーは、まず、どこをさがすでしょうか？』。この問題に対し、自閉症児においては、サリーは事実を知らないから、最初にかごを開けてみるということが予測できずに、「アンの箱をさがす」と答える割合が多かったことが報告されています。

> 【出題例】
> のぼる君がお菓子の箱を持っています。のぼる君は、箱のふたを開けて、中に折り紙が入っているのをあなたに見せました。
> そこに、まだ箱の中身をみていないたかこさんがきました。のぼる君はたかこさんに箱を見せて、「何が入っていると思う？」と聞きました。たかこさんはなんと答えますか？

このような問題では、相手の立場に立った上での推測ができるかどうかが問われますが、そもそもそれ以前の2～3者関係を把握すること自体が難しい場合が多くみられます。まずはステップ55の2～3者関係の理解を学習しておくとよいでしょう。その上で、こうした心の理論の学習を進めると、例えば報告、伝言などをする際も、「相手が何を知っているか」「何を知りたいか」を考える、というようなことにつながっていきます。

※注意点：筆者（石井）は、療育中によくジョークを言います。自閉症かそうでないかの反応を、試すためです。高機能者にジョークはまず通じません。同時に、彼らが「お前をぶっ殺すぞ」と言ったのも、ジョークではありません。アニメの中は、戦闘殺し合いが常習です。現実とフィクションの区別がつかなくなっている彼らには、アニメも危険な情報です。そこに、包丁などの凶器がなければ、即犯行に及ぶわけではありませんが、そのことを承知しておいてください。

第6章

内言語への道

1　米大学院で博士号を取得した超高機能者たちがなぜ発達障害なのか

■右脳と左脳の供応──どちらか一方が優先すると……

　高機能自閉症のニキリンコさんは、「私の記憶はもともと順不同の静止画像の集積なのだ」と述べています。時間という観念は、現在を基準に、過去と未来の2方向へ永遠の時（数）を刻みます。数の概念は本質的には数量（多い／少ない）ですが、時系列に関しては、数詞（順序数）が覚えられれば、成り立ちます。1時間という観念は、1日が24時間から成り立っていて、それは日没と日の出と、それが月の満ち欠けの発見に始まり、地球が自転していることの発見と、太陽の周囲を約365日かけて周回するコペルニクス的発見により割り出されたものです。そうした大発見が可能となったのは、砂時計に始まり望遠鏡などの科学技術の進歩に裏づけられますが、それより遥か以前に人が数の概念を作り上げたことが礎となっています。

　時間（とき）というのは、もともと誰人にとっても、「たった今」の現在しかありません。物心ついた3歳の幼児でも、明日死ぬ90歳の病人でも、時はたった今の現在しかありません。永遠の前の一瞬一瞬しかないのです。その一瞬は少し前の過去からやって来て、すぐに少し先の未来へと続いていく。そういう理解が成り立つのは、言語能力の所産です。過去の戦争を忘れるなとか、負の遺産を次世代に残すなとかいうのも、言語能力の所産です。

　このように時間という概念は、極めて科学的論理的事実に基づいて組み立てられていますが、このことが理解できるのは、人だけがもつ大脳新皮質のもっぱら左脳による働きです。

　ニキリンコさんの静止画の集積は、日付（年月日）を記すことによって、時系列順（順序数）に並べて覚えられます。ここまでは高機能者本人にも到達できる世界です。

　ところが高機能者でない私たちは、何年前のことでも身近な出来事であれば、即座に思い出すことができます。身近な出来事でなくとも、大震災のようなニュースなら年月日を言われただけで、思い出すこともできます。目の前に静止画像など無くても、生々しい場面が蘇っても来ます。およそ十年単位くらいに年代を捉え、膨大な静

止画像や無数の出来事を、ほとんど即座に直観的に把握し、思い出すことができます。画像無しにことばだけでもそれができます。

　悠久な時の流れの中で、重層的複合的な事象を、全体的直観的に一気に把握することができるのは、もっぱら大脳新皮質右脳の働きによるものだと考えられています。左脳が言語中枢であるのに対し、右脳は直観的全体中枢と呼ばれています。直観的中枢というのは、視覚野が広く優れているということではなく、複雑な重層的事象を、直観的に一気に捉えてしまう能力のことを言います。言語というのは、理屈ですから、一つひとつの事柄の積み重ねによって成り立ちます。理屈はこの場合、屁理屈も立派な範疇です。拮抗しあう左右両脳は、優先権を取り合い、譲り合い、補完しあいながら、場面場面においてその人の思考と行動を選択させます。

　高機能者といわれる方の場合、言語野は正常に近く働くのに比し、右脳の働きが弱いのではないでしょうか。場面が読めない、他人の気持ちがわからないとしばしばいわれるのは、そこに脳内原因があるということなのではないでしょうか。第1巻では、発語できない子どもたちの利き手が定まらず、この段階では、定型発達に比べ、左手使いのケースが有意に多いことを指摘しました。この現象は、ことばが獲得されず、従って左右両脳が分化しないことから来る左手使い〜両手使いになると考えられます。その段階での場合、視覚野が優先されるので、見てわかる教材を多用するようにお勧めしたとおりです。高機能者の右脳劣勢（萎縮）とは趣が異なりますので、注意を要します。

■右脳が劣化した高機能者の行動と言語

　コロロの夏期合宿を終えた最終日。協力してくださったボランティアさんも参加している打ち上げ会でのこと。6、7名がテーブルを囲み、6日間連泊の疲れと無事終了できたことの感激とで、場は酒の勢いも手伝って、いやがうえにも盛り上がっていました。料理は大皿に6、7人分、野菜炒めなどが盛られて出され、それを銘々が小皿に取り分けます。宴もたけなわなので、大皿に野菜炒めが少量残っていましたが、話に興じてしまい、だれも残り料理には目が向きません。その中に1人だけ蚊帳の外に置かれ、話の輪に入れない女性がいました。実は彼女は、大学を卒業してコロログループに採用した2ヵ月目の支援員で、高機能者だったのです。そのことは、承知のうえで人事担当者は採用したのでした。そばにいた私は、彼女に料理を指し、「食べておしまいなさい。大皿ごとでいいですよ」と進めました。頷いて美味しそうに食べました。しばらくしてから、別の料理が大皿に運ばれて来ました。座は一層盛り上が

り、だれも料理に手を出しません。料理が運ばれて来たことさえ、意識できないほどの盛り上がりようでした。なるほど話題は面白く、私も黙ってはいましたが、ついつい話につり込まれてしまいました。ふと、となりの彼女をみると、大皿を手前に引き寄せ、卵とじを全部食べてしまったところでした。大皿は、空っぽディッシュ。「あぁ、全部食べられてしまった！」と私はつい叫んでしまったのでした。

　この状況をもう少し詳しく解説します。大皿野菜炒めを、各自が小皿に取り分けるのが基本的ルールですが、料理を作るのも、小皿を毎回用意するのも洗って出すのも、合宿参加の疲れたスタッフですから、せめてもの省エネに、最後の１人分は大皿で、という私の含みが、彼女には全く伝わらないのでした。「大皿ごと全部食べていいですよ」と私が言ったのが、間違いでして、以降運ばれて来る大皿は全部自分が食べていい。いや、食べなければいけない、とさえ伝わってしまったかもしれないのです。コロログループの総帥たる石井理事長のことばでしたから、全面信頼の上で行なった彼女の行為だったかもしれません。要するに彼女の行為は、私の日本語を直訳したのでした。大皿卵とじが出てきても、だれも食指を動かさない場面は、彼女には同じように自分が全部食べなくてはいけない、と劣化している右脳を働かせた結果なのではないだろうか、と後になって私は省みる始末です。そのとき即座に高機能者の言語と行動の世界を理解してあげられなかった私が、愚かであったと、恥じています。

　追伸。料理はそれで終了しましたが、その後にもし十人前のチャーハンが出てきたとしましょう。座はなお一層盛り上がったとします。彼女はどうしたでしょうか。全部食べました。そして吐きました。私は、高機能者の行動を俎上に乗せ、読者の笑いを誘っているのではありません。彼らの行動と言語構造を理解しない、そこにいた私を含むコロロスタッフの、不用意を咎めているのです。場が読めず、会話の内容がわからないことは、致し方ありません。しかし食べ過ぎ、吐き出し、内臓を壊すかもしれないほどの危険に至らしめた、同席者の無神経を嘆いているのです。彼女は知的レベルが高い分、言語野が先行し、右脳が後退してしまうのではないでしょうか？

■超高機能者は、知的障害のない発達障害か

　大皿を１枚１人で食べてしまった彼女は、文系の四年制大学を卒業しています。どちらも通常の高機能者（アスペルガー症候群）の範囲だと思われます。ところがもっと知的レベルの高い発達障害児者が存在します。国立大を卒業し、博士号まで取得する高機能者もおられるのです。そのレベルの方へは、通常の高機能者とは一線を画

し、考えていかなければならないと思われます。

　B氏は一流の某私立大学の経済学部を卒業し、アメリカの大学院で博士号を取得し、日本に帰国し高校の教師になりました。アメリカの大学院ですから、授業も英語、提出論文も英文です。学生時代は、超エリートでしたが、日本で高校の教師をやったら、つとまらないのです。生徒から、B先生はおかしい、日本語か通じないと言われるのでした。父親は日本で経済雑誌の社長をされており、教師を辞めた息子を自社で使ってくれ、と社内の編集者に頼みました。その編集者からお聞きした話です。経済界という自分が学んだ専門分野の仕事ではありますが、取材はおろか、雑誌に載せる文章が専門用語や英語の原文が多すぎて、読者には伝わらないのだそうです。注意したりアドバイスをすると、長い間エリートで通して来ただけに、怒って聞き入れてくれません。職権で修正しますが、自分の正しさを主張するので、結局会社に居ることはできませんでした。雑誌の文面のことで述べると、個人情報漏洩の問題にもなり兼ねませんので、差し障りのない一例を上げるに留めます。会社での新入社員歓迎会が行なわれた日のことです。歓迎会は会社の費用持ちで行なわれましたから、問題なく過ぎました。その後有志だけで二次会に繰り出しました。二次会には8人が参加し、費用は明日ワリカンで請求するということで、近くのバー行きました。支払った費用は、約32000円。1人4000円の負担でした。翌朝B氏に請求すると、自分が飲んだのはビール2本とチーズ片400円相当だったから、2000円でよいはずだと、主張されたというのです。幹事さんは、彼の性格をわかっていましたから、2000円で承知し、残り2000円は幹事さんが負担したそうです。B氏の計算は正しいのです。彼に欠けているのは、社会の慣例とか、計算式の正しさを主張することの気まずさ、といったものを理解することでした。

　B氏の学校での成績の優秀さは、実のところ何を示しているのでしょうか。現実の生活場面では、常に1つか2つくらいのことがそのときの課題となっています。しかし、現実の環境の中にはさまざまな条件や要素が、重層的複合的に絡み合って、その課題に迫って来ます。決して諸条件は、平面的ではなく、立体的かつ時間との争いにもなります。会議中は、今しがたのよき結論は、数分後には好ましくない解答ともなりかねません。一方、質問紙上ではどうでしょうか？　紙上では、活字による情報伝達がすべてです。歴史の問題や類似したものの中から、微妙な差違を見つけ出す問題もありますが、実際の事象や物事がそこに横たわっている訳ではありません。まさに平面、紙上です。

　もうおわかりでしょう。左脳優位者の方が、紙上テストは断然有利なのです。主語

のはっきりしない日本語は、反語や余韻といったわかり難い文脈が多いのに比し、英文だと主語や文法が明快なので、左脳優位者には断然有利なのです。広汎性発達障害児者は、知的障害を伴うのがふつうですが、高機能者では知的障害を伴わないケースもあると言われます。しかし広汎性発達障害と診断はされるのです。Ｂ氏の場合、知的障害がないと言えるのでしょうか。これは知的レベルを測定する知能検査の方法と内容に問題があるからではないでしょうか？

■三段論法が、高機能者の越えるべき課題

　コロロ新人スタッフのＣ氏に女性スタッフが言いました。
　　石井先生の靴の裏底が剥がれました。（１）
　　西教室の玄関にあります。（２）
　　石井先生の靴を粗大ゴミ置き場に出してください。（３）
　　お願いします。

　これは口頭で伝えたものですから、この字面のように明解ではなかったかもしれません。聞いたＣ氏の行動はというと、靴の裏底の剥がれたその靴（登山靴）と、靴箱にあった他の３足の靴が、ごみ置き場に出されていました。靴箱には、女性用のパンプスが２足収納されており、それは残されていました。Ｃ氏も私立大学文系を卒業したセンタースタッフです。なるほど靴底の剥がれていない３足も相当くたびれてはいました。捨てられても仕方がない相貌ではありました。ピカピカの新調だったら、高機能のＣ氏でも捨てなかったでしょう。それはさて置き、言語上ここで問題なのは、（１）（２）（３）がリンクしてなかったことです。概念化してなかったということです。（２）と（３）だけがつながってしまい、西教室にある石井先生の靴（全部とは言ってませんが）を、棄てなさい、と伝わってしまったのです。（１）の「靴底の剥がれた」が大前提で、そこから（２）（３）へと続いていくのが、この際の口頭文脈です。要するに、三段論法です。時系列順に初期のことばほど記憶の中から遠ざかるのが、発達障害児者の言語世界です。「靴底の剥がれたその靴だけを出すのですよ」と念を押せばよかったのですが、普通私たちはそこまで言いません。彼の頭の中は、「石井先生の靴」だけでいっぱいだったのでしょうか。もしこれを英語で言ったとしたら、「靴底の剥がれた石井先生の、その靴」と表現されたでしょう。英語圏言語の方が、いつ、どこ、だれ、など物事を正しく伝えられるのです。高機能者は、普通の言語世界に居る私達に意味深いことを示唆してくれます。

越えられない三段論法

　　A＝B，B＝C　∴A＝C　（1）
　　A＝B，B≠C　∴A≠C　（2）

　（1）と（2）の違いがわかり、数字だけでなく、文章題で出されて正しく答えられたり、口頭で言われても正しく行動できなくてはなりません。これが三段論法です。超高機能者になると、それほど難しい課題ではありませんが、高機能レベルですとかなり難しい課題です。本書でも、随所に課題として取り上げられました。
例題を示します。

　1．みけとくろは猫です。たろうは犬です。みけとたろうは、どちらも猫ですか？
　2．悠君と遥希君は同じ家族（兄弟）です。敏哉君と稔君は別の家族（兄弟）です。悠君と敏哉君は同じ家族ですか？
　3．口頭質問

「外の新聞受けから朝刊を取り出し、それを持って台所に行き、冷蔵庫の中の牛乳パックからコップに牛乳を注いで、お父さんの所へ運んでください。朝刊と牛乳を両方ですよ。」

　朝刊を持って来るだけなら、百パーセント正解します。次に牛乳を、も百パーセント正解します。三段論法が難しい所以です。この場合、トレイなどを用意すると、同時に両方のタスクが遂行します。トレイ無しでできるように、プログラムを考えてあげましょう。このような課題の場合、トレイを籠に代えられたり、牛乳を麦茶に代えられたりするだけで、できなくなります。指導する側はとてもイラつきますが、落ち着いて教えてあげなくてはいけません。こういう局面こそが、高機能者への極めて大切な療育場面なのですから。そして、兄弟や猫の名前を変えて出題されただけで、もうこの課題に答えられなくなってもしまいます。そんなときは、本当にがっかりしますし、発達障害児者の能力の限界を感じとります。「もう限界！！これはいくらやっても無駄だわ……」。しかしちょっと待ってください。一度できた課題の汎化が、なかなかできないということなのですが、汎化困難な課題を行なうこと自体、そのときだけでも普段は開通することのなかった脳内ルートが通電されたと、いう風に理解して上げてほしいのです。そこのところを、重要視してください。脳神経細胞賦活剤を服用した効果があったのです。お薬を飲んだ効果です。副作用の強い薬を飲まずに、教育で効果があったのです。

■目的のためにコピーする訳ではなく、コピー機能そのものが行動目的

　園長、事務員を含めて、10名の小規模通園施設でのことです。今から十数年前のことで、職員の出勤は、タイムレコーダーを押す仕組みになっていました。午前8時30分が定められた出勤時間でしたが、8時40分までは遅刻扱いにならない、との内規がありました。ところが40分を少し過ぎてから出勤する者も時々いました。2、3分でも遅刻は遅刻です。しかしわずかな分数の遅刻を計算し、給料から差し引くのは、事務手続き上非常に煩雑でした。そこで、少々の時刻オーバーは、園長黙認のもと、事務員が8時40分前にタイムカードを押していました。

　支援員として採用されたD氏は、とても几帳面な方でした。今から思うと、彼もまた高機能者に違いありませんでしたが、当時はまだ社会的に自立しているこのレベルの人を、発達障害として診断、認知されることはありませんでした。支援の仕事は、毎日の決まりきったパターンで、ほぼソツなくこなしてはいました。彼の机の引き出しには、A3の用紙が納められ、1センチ幅の罫線に、全職員の氏名が押印され、年月日ごとに出勤および退庁の正確な時刻が書き込まれていました。その日担当した子どもの名前も正確に記されていました。これは、園長の指示で行なわれたものではなく、D氏独自の趣味（こだわり）で、勝手に行なわれたのでした。タイムカードに刻印された時刻と、実際の出勤時間が異なることを、チェックするために彼はそうしているのではありません。実際、そうしたことを、D氏に咎められたことは、一度もありません。彼独自の趣味（こだわり）であることを、他の職員は全員承知していましたから、あまり気持ちのいい行為ではありませんでしたが、見てみぬ振りをしていました。朝一番に出て来る彼が、机の前に座って他の職員の到着を待ち受けて、記帳する姿は、とても満足げに見え、事実そうすることにより、あとの時間が落ち着いて過ごせるのでした。公的な出勤簿は、タイムカードをもとに、事務職員が管理していますから、D氏のものは、全く私的所有物です。それをもとに、統計的資料を作成して改善案を出す、などということは全くありません。彼の行動は、確たる目的のために行なっているのではなく、その行為自体が、行動目的なのです。私は、これをコピー機能と呼び、高機能者の行動特質のひとつに数えています。

　国立大の理系を卒業した別の支援員は、同僚の女性支援員のアパートに入り込み、電話機に盗聴器を仕掛けてしまいました。彼女と付き合っていた訳ではなく、他に男が居るかもしれないことを疑ったり、嫉妬しての行為ではありません。留守宅に忍び込んで、盗聴器を仕掛けたいことそれ自体が目的なのです。高機能者の殺人行為にも、同じような特徴が見られます。殺す相手は誰でも良かった、と述懐されるのは、

その証拠です。

2　概観『新発語プログラム』第1巻、第2巻と人類進化の過程

■無言語（無シンボル期）の人類

　無発語期（無シンボル期）から、言語野優先の高機能期を超え、抽象概念を獲得したレベルまでを、『新発語プログラム』第1巻、第2巻を通して概観してきました。そこには、サルからヒトへ、そして両種の共存へという、人類進化の過程にも類似した、生態系自然観の原則が見て取れるのではないでしょうか。発語プログラムは発達障害児者のための指導書でありますから、各段階ステップは、かなり恣意的に組み立てられた形跡はありますが、発達障害児者が産み落とされた脳の構造は、進化共存の歴史にも匹敵すると、私は見ています。霊長類、サル、類人猿は、言語野をもっていませんから、ことばはありません。敵が近づいたことを知らせたり、赤子を狙われそうなときに、威嚇の叫び声を発することはあります。求愛を鳴き声で伝えることも知られています。雄叫びです。しかしそれらは、シンボルとしてのサインというには遠く、極めて攻撃的な本能中枢に裏づけられた大脳辺縁系レベルの行動です（特殊な環境の中で飼育され、特別な訓練プログラムによってシンボルとしてのサインを使用することができるようになった猿のことは、承知していますが）。

■シンボル期（サイン語レベル）の人類

　一方、進化途中でない完全なヒトとなった人種が、無言語であった時期は、かなり長かったことでしょう。百万年前のその時期期間を特定することは、不可能ですが、ヒトとして誕生してからは、いや、それほど長くなかったのではないだろうか、と私は想像します。進化史の尺度でいえば、シンボル期はすぐにやってきたのではなかったでしょうか。指で動物の形を模したり、石や土の上に簡単な図形を描いて、道標にしたり、採取物が近くに存在することを、仲間に伝えたり。その次にくる時代の、声を音声シンボルとして伝えることは、とても難しかったのではなかったかと思います。老若男女、声の質キーの高さなどを言い表し、聞き分けるのは、当初とても難しい作業だったことでしょう。発達障害児の発語指導を行なってみて、痛感したからです。簡単図形や指文字・ボディランゲージを頻繁に用いるようになって、コミュニケーションの必要性と緊急性がより要求され、ヒトのコミュニケーション能力がぐんと向上しました。人々の中の共通のシンボルとして、音声発語とそのヒヤリングは、

喫緊のスキルとなりました。それができたのは、ヒトの大脳新皮質に言語野が誕生した（存在するようになった）からに他なりません。それでもまだ、サルと同じように無言語無シンボル期の人類は存在しました。そのような人類が、今日でも地球上の極ごくわずかの地域に、棲息されているとお聞きします。要するに共存するのです。地球の側からいうと、共存の必然性が生態系の中に存在するのです。

■文字を持たない音声言語の人類

　コミュニケーション能力としての音声言語（話しことば）が一度獲得されると、ヒトがそれを手放すことはできませんでした。文字言語は、著しく遅れを取ったのです。百万年単位の進化史の中でいつ頃からかということは、定かにし得えませんが、文字を持たない音声言語は、近現代まで続いていました。一方、図形や文字を記すには、紙と筆記具の進歩が不可欠でした。今でこそ、紙も要らない電子機器の時代でありますが、文字を書き、伝え、それを理解し（読み取り）、残していくことは、科学の粋が必要であったのです。音声言語に比べると、文字言語は大きく遅れを取りました。

　しゃべれるけれど、書けないという発達障害児者は大変多いです。コロロメソッドでは、文字の書けないお子さんを、ほとんど書けるようにしてしまいます。書き、読め、聞き取れ、話せる。脳内の異ルートが１つに統合されることは、大脳新皮質前頭連合野で感覚統合されたことを意味します。行動全般がまとまってくるのは、周知のとおりです。

■高機能者の言語塊は音声言語時代の名残か

　さて、高機能者がいつも決まったパターンのおしゃべりをし、それを他者が聞いてくれないと不機嫌になるのは、読者の皆さんも経験されていることと思います。おしゃべりの内容は、いつも一定の順序で続けられ、30分から３時間に及ぶことも稀ではありません。高機能者のご夫婦が、３時間に及ぶおしゃべりにはまり込んでしまいました。そこのグループの園長さんは、これを全部毎回聴かなければならないとすれば、業務妨害になると、ご夫婦に訴えました。高機能者とはいえ、園長さんの訴えは、受け入れられたそうです。毎日最初の30分は聴いてあげる、との条件で折れ合ったということです。話始めて30分が経過したところで、話し手であるご夫婦の一方は「私たちはちっとも疲れていませんけど、園長先生はもう随分とお疲れになったようですので、これで終了します」で、打ち切ることができたということです。しかしご

夫婦は未練たっぷり。こんなに大事な、かつ面白い話の続きを聞かないとは、と嘆き残念がったそうです。後日この話を園長先生からお聞きしたとき、私は次のように提案しました。3時間をテープに取って、1節〜6節と6等分し、日ごとに1節ずつ順にスピーチさせてみてはどうでしょうか、と。また、短い物語などを読ませ、話させることを学習課題とし、さらにその文章を3、4行だけ抜き出して読ませ、語らせることを、習慣づけました。つまり短い話で区切りをつけ、終わりとする習慣をつけたのです。日数が掛かりましたが、うまくいきましたと、後日報告を頂戴しました。

　人に聴いてもらえないと不機嫌になる高機能者のおしゃべりパターンは、日頃の行動A〜B〜C〜D〜の上に、彼の特有のことばが乗っかり、そのことばが塊となって、吐き出さずにはいられなくなった現象です。これを私は、パターン認識による言語と呼んでいます。この言語塊は、文脈が乱れ、時系列も地理も間違っていたり、聴かされる方は、ほとほと困惑します。しかしそれでもなお、高機能者たちの言わずにはいられない訴え振りに接すると、単なるこだわりパターンとだけでは、切り捨てられない何かを感じます。彼らのこだわりの原資は、文字言語を持たなかった時代の音声言語のみの人々の、次代に伝え、残したいとする渇望遺伝子のようなものではないか、とさえ私は考えてしまいます。アイヌ民族のユーカラは、1時間以上に及ぶ音唱が1秒の狂いもないほど正確に語られるそうです。語るというより奏でられるのでしょう。渇望遺伝子といったのは、一世代の人々の命がけの強い要望などが（通常極秘裏に行なわれる）、数世代引き継がれると、その系統の中に共通の遺伝子として、根付いてしまう現象のことです。

■それぞれの言語文化は地球上に共存する

　音声言語のみの人々も、文字を書き、読み、理解する言語野は有していたと思われます。ただ幼少期から使われることがなかったので、読み書きの言語運動野が、萎縮し後退していたことは間違いないでしょう。しかし、文字言語をもたない種族と、音声言語との両方をもつ種族とは、長らく共存していたのです。シンボルサイン語レベルの種族、音声言語のみの種族も、音声文字両有の種族も、今日地球では同化してしまいました。それは大国の覇権主義による同化政策の結果に他なりません。もちろん古代以前の未開地に住む人々を救済した側面を評価しない訳ではありません。衛生環境が悪く、部族同士の殺戮もあったことでしょう。教育文化のレベルを引き上げることは、僻地に棲息する人々の地球的課題でありました。私はここで大国の覇権主義による同化政策が悪いというつもりはありません。今日ローマ字が普及しましたから、

音声を表記することはカンタンです。ただただ、全地球が画一の言語文化に統一されてしまった、ということを言いたいのです。そうすると、どういうことになるか？ 生態系のバランスからいうと、無シンボル期の無言語の人々も、文字をもたない人々も、共存の法則がありますから、どこかに分布しなければならないのです。彼らはどこに顔を表すか？　読者にはお気づきのことと思います。

　先進国の中にも、話せるけれども文字を読めない、書けないという人々はかなり現存します。識字率を高めるために、教育が施されますから、どんどん読み書きができるようになってしまいます。行き着く先は？　私は、画一化された教育が普遍普及されることが、発達障害児の出生率が高くなる原因のひとつになっているとさえ、仮説を立てています。もともと、話しことばと文字ことばは、異なる性質のものだと思っています。「トリ（発音記号）」と［鳥］とは、表現し、理解し、用いる神経ルートが違いますから、同じ対象物を意識するのは、本来かなり無理があると思うのです。「ウミ」と［海］、「カワイイ」と［可愛い］、「コワイ」と［恐い］などなど。主語が曖昧なことがその言語の長所でもある日本語も、主語を明確にし、目的語（補語）や５Ｗを明示するよう、近頃では英語に習い始めているようです。目指す方向性は、同（一）化です。

■強固な言語塊を解消するコロロメソッド

　強固な言語塊を聴かなければならないふつうの人の辛さを述べましたが、吐き出さずにはいられない高機能者本人も、さぞ辛いことに違いありません。メソッドではどのように対処するか、療育方法のひとつを示して、まとめにしたいと思います。

　言語塊は、そのことば通りに筆記させてみてください。このレベルの高機能者は、かなりの読字、書字能力をもってはいますが、超高機能者ほど優れているわけではありません。高校まで卒業していても、学業は落ちこぼれに近かったというのが、本音でしょう。ですから、書きたがらないのがふつうです。初めは、話し始めの最初から、３、４行でもいいですから、書かせてほめ、書かせてほめてください。彼の言語塊がすべて書き通せれば、大成功です。まずそれでその言語塊は彼の頭の中から消去されます。なぜそうなるのかというと、エコラリアである言語魂は、言語ルートを通っていてもただ発声だけのバイパスルートを通っているだけなのに対し、文章書きは、言語中枢ルートを経ているからだと思われます。判断のレベルが上がり、概念化が迫られた、ということなのだと思われます。全部とはいかずとも、終末に向かって書き続けさせてください。少し面倒ではありますが、彼がしゃべった言語塊を、こち

らが録音して文章化し、それを見せて書き写させるのでも、効果があります。そうです、写経の効果です。普段使われない書字ルートが使われるということは、おしゃべりルートが抑制され、気持ちを落ち着かせるのだと思います。手本の文字が読めなくとも、漢字の意味がわからなくとも、経典の文字には、癒やしの加護が意味づけされているのかもしれません。自分が書いた、書写した文書を読ませるのも効果的です。吹き出してしまうおしゃべりと、読字（読書）とは、おなじ発声器官を用いていても、ルートは違うのです。まあ、文脈の定かでない言語塊など書かせずに、どうせ学習をするなら、格調高い文学作品を提供しょうではありませんか。高機能者のための学習の手始め、動機付けとして彼のこだわりパターンを活用しようというわけです。

3　高機能レベル（メソッド第三段階）を超え内言語域（メソッド第四段階）へ
■白い日記のページには

「上記の空欄に、あなたの文章で好きなように作文しなさい」と出題されたら、読者はどのような文章を書き込もうと考えるでしょうか。亡き母への思いを綴ったり、あなたが乳飲み子の母親だったら、将来なってほしい人物像を描いたり、目下片思いの最中でしたら相手への切々たる恋心が、スラスラ書き始められるのではないでしょうか。何もない白紙の上に、無から文章を創造して書き始められるのは、発達障害ではない私たちの脳内に「内言語」という領域が存在し、意識の表層から意識下の底層において、ことばが活躍しているからに他なりません。本節では、この内言語とはど

ういうものかについて、私見を詳しく論述していきます。

　なんでも話せる、書けるようになった高機能レベル（コロロメソッドでいう第三段階）の人たちでも、日記帳の白いページを見ただけでは、なかなか文章が浮かんでこないのは、どなたもよくご存知の通りです。ページに縦線が引かれていたり、碁盤目状の升目が薄く印刷されていても、ことば（文章）はが出てきません。お母さんに「今日学校であったことは？」と聞かれても、「……」。さらにしつこく「何かあったでしょ。楽しいことが」と迫られ、ようやく待ちに待ったプールの解禁日だったことを思い出しました。7月とはいえ肌寒い日で、プールの水の冷たさに、ガタガタ震えた感触が蘇ってきました。男子先生の「入れ！」と「上がれ！」などの大きな声に、ただひたすら我慢して浸っていただけなのに、お母さんの「楽しいこと」ということば通りに、プールが楽しかったと書き記しました。特に印象的な授業や催しがないと、ペンを持つ手は動きません。業を煮やしたお母さんに、「給食は何だったの？」とせき立てられて、はじめておかずを思い出します。そうすると豚の生姜焼きについてきた紅生姜や、ふりかけられた白ゴマまで、記帳する有り様です。つまり日記帳の白ページからは、何も創造されないのです。ヒントをもらってはじめて、少しは記憶が蘇り、関連したことばが引き出されるわけです。毎日、日記帳を書く習慣がつくと、白い升目からは、昨日のページの給食の品目が目に入り、そこから今日の給食の品目が引き出されるというパターンです。要するに外部刺激がないと、ことばが浮かばず、文字、文章にならないのです。

　つまり、私たちが思考を巡らすことができるのは、内言語ということばの記憶とそれらを紡ぐ想像の壺を保有しているからなのです。発達障害児者の壺の中は、記憶と想像の量が極めて少ないので、外からいつもことばを注入していかなければ、文章にはなりません。外言語とは耳慣れない用語ですが、内言語という領域があるわけですから、外言語という領域が対蹠的にあると説明されるとなるほどと納得されるでしょう。外言語域から、文章を引き出すためには、外部刺激すなわち「呼び水」が必要になります。呼び水をどんどん掛けてあげ、壺の中を文字ことばで満たしてやらなくてはなりません。高機能者の独りよがりの言語塊（おしゃべり）に任せておいてはいけません。

　類人猿は幾つかのシンボルレベルのサインをもっているかもしれませんが、言語脳（大脳新皮質言語野）を保有しているわけではありませんから、ことばは生じません。野生の馬や牛などはひっきりなし草を食べていますから、空腹感というのはないのかもしれませんが、ライオンなどの肉食獣だと、普段の状態はひもじいのが常ではない

かと思います。ひもじいのが常体ですから、「腹空いた。肉食いたい」というイメージはありません。そんなとき、好物のシマウマの群が目に入ると、はじめて空腹感を感じ、「食いてえ」というイメージが湧き出してきます。獲物を獲得し、満腹した後は、しばらく狩りはしません。これは自然界の営みの法則です。

　ですから、相当数のことばが獲得され、蓄積されていなくては、言語表現は不可能なのです。そしてそれが引き出されるためには、目の前に、直前刺激が表れなくてはなりません。直前刺激です。外言語という未知の領域のアウトラインが、うっすらと見えてきたのではないでしょうか？　かなり高い知能を有する猿や類人猿には、言語野がありません。ヒトのように言語野があっても、いまだ無言語、無発語の時期、聞き分けられるけれども言えない（聴覚、発声器官に障害が無く）時期、受動的発語期（言えるけれども言わされないとダメ）などは、人類の経てきた外言語期に、相当すると私は想像力を逞しくしてしまうのです。私の用いる（超）専門用語がわかりずらいとか、時に専門用語にない、造語であるとのご批判を受けるのは、もっとも至極であります。言語野のない存在と、ある存在（外言語と内言語）とが共生している生態系の進化史を原点に定めて、メソッドを考えたので、そうなりました。しかしその結果、高い発語率と、高機能レベルの言語獲得（第3段階）の実現をもたらしました。この高い成功率こそが、人類進化史共生観に基づくメソッドの正当性を裏づけている、と私たちは自負しています。

■内言語とは──その深奥は内言語保有の本人にも分け入れ得ない？

　日本の文化に特有の俳句は、ことばによる景色の描写であると言われます。写生ですと、景色のそのすぐ目前でなければ、描けません。景色映像を記憶したとすると、想像画のようになってしまうでしょう。小林一茶は、かの時代あちらこちらを旅しました。その句作は、旅の景色の前で詠まれたのではなく、旅の宿でそれも布団の中で制作されたのではないか、と後世の研究家が推察しているそうです。

　「古池や　蛙とびこむ　水の音」などすぐ目の前の情景のように、読者のまぶたに浮かびますけれど、そういわれてみると、確かに宿に入って一息付き、落ち着いてから練り上げた作品に違いなかろうと思えてしまいます。さて、蛇足になりますが、前ページの空欄に拙作を入れてみました。

　　秋のど真ん中の頃、きのこの収穫は十分であった。往時、きのこや山菜の採取
　　に地元民の占有権などと主張されなかった時代、「入山禁止」などの立て札はな

く、国県有林なら、誰でも自由に立ち入ることができた。滝二の背負子の籠には、溢れるほどの食茸が詰め込まれていた。松茸こそなかったが、ホンシメジやマイタケが収穫された。彼は雫子を伴ってきていた。彼女は籠は背負わず、２人分の弁当や水筒を登山用ザックに入れて来た。弁当も食べたし、日もまだ高かったので、ほんの少し足を延ばし、まだ早い紅葉の始まったであろう樹木の多い地点に足を向けた。秋一番に色が染まるのは、ハゼ、ヤマウルシ、ヌルデなどの灌木である

「かさこそと　紅葉も見えぬ　きのこ狩り」

きのこ狩りは、下ばかり向いて歩くので、頭の上に鮮やかな紅葉があっても、気がつかない、という彼の駄作である。登山道から逸れ、獣（けもの）とそまびとしか行かない小路に分け入った。途中、野いばらや木苺のとげに若干悩まされはしたものの、20分も緩やかに下ると、雑木林が切り開かれ、ぱあっと明るく開けた地点に降り立った。この一帯の植生は、楢、椚、唐松などの混成林で、そこから少し上方はブナ林が稜線までを占めていた。伐採された場所はかなり広範であったが、一番低い所は沢筋になっていて、ちょろちょろ伏流が流れていた。その伏流の上を低く覆い被さるように、背の低い木々が蓋いでいた。降りきって小路が行き止まった地点から、上流に向かって20メートルくらい、背の低い木々はその明るい緑の葉の上に、子どもの手のような梢先に、群青色より紫色に濃いウルトラマリーンと呼ばれる実を、たわわに付けていた。沢筋であるから所々岩が露出し、１メートルから２メートルくらいの小木があたかも、庭師が作庭したかのように、木々と岩石が配置の妙をなして植生していた。標高の高い、このような人里離れた所に、庭を造るわけがない。それにしてもこのウルトラマリーンの瑠璃色は、鮮やかだ。宝石のラピスラズリーの色である。小木なので、ブナや楢など大木の下になってしまうのは、生態系の必至である。日が当たらないと、必然的に樹勢は衰え、花も実も着きにくい。山の手入れをしなくなった昨今では、サワフタギ（沢蓋木）と呼ばれるこの自然木は、林の中の灌木としてときおり痩せた姿を散見できるほどに、衰退してしまった。実の色も瑠璃色ではあるが、実付きも悪く、数が少ない。またぎが活躍していた往時、滝二が見たこの光景は、そまびとがわざわざサワフタギの群落を守るために、開墾した一帯だったのである。一銭にもならないそまびとの粋（遊び）であった。

「奥山の　瑠璃色の実　海遠く」

後に、滝二がきのこ狩りから帰って、詠んだ句である。３ヵ月前は、雫子と南

> の島のエメラルドとラピスラズリーの海にいた。沖縄には簡単には行かれなかった時代である。トカラ列島のどこかであった。その島で彼女は滝二の子を孕んだが、すぐに流産してしまった。産まれて来る子が、女の子だったら、瑠璃子と付けようと、2人は言い合っていたのだった。

　想像力を駆使して私は以上の文を創作しました。が、決して私の実体験ではありません。実を言うと、サワフタギの群落があったあの地点の情景さえ、想像の産物なのです。昔はまたぎやそまびとがいて、高い山の奥隅まで、行き来し、手入れをしていたので、沢を蓋するほどの瑠璃色の実が、被っていたのではないか、と想像したのです。雯子とは、滝二の恋人ですが、実在ではありません。だいたい私は若い頃硬派でして、「モボ（今は死語となったモダンボーイの略）」に憧れていたから、作中人物に夢をかぶせたまでです。私の内言語の壺中を、恥ずかしながら読者にお見せした次第です。

■意識化できる内言語

　スタッフが保護者の皆さまと面接をしている午後4時、コロロの教室です。保護者のご質問にお答えし、来週までお家でやっていただく宿題も、注意点を上げながら説明しました。お母さまに信頼されていることもあって、面接は順調に進んでいました。満足げなそのお母さまの横顔を見たスタッフ（独身女性）は、ほっと一息つき、アパートの部屋の冷蔵庫に缶ビールが冷えていることを思い出しました。「そうだ。駅前スーパーで、生本マグロの中トロを買って帰ろう」とひとり手酌の場面がよぎりました。もちろん面談中、冷えたビールなどなど一言も発してはいません。お母さまとの面談に必要なことばの応酬の中での、無言の有言です。無言でしたが、スタッフ自身には意識されていました。ですから、少し後で文章に書こうと思えば、スラスラ書き出せます。後で取り出して書こうと思えば書ける、これが内言語という壺の中の、記憶言語装置の特徴のひとつです。次の例はどうでしょうか。

　独身女性の彼女は、妻子持ちの男に恋心を感じています。彼の方も最近妙に優しくしてきます。「いけない、いけないわ」と彼女は自問自答し、結果懸命に否定します。しかし、否定しようとすればするほど、彼への思いは募ってしまいます。人に打ち明けた訳ではないのに、彼女の頭の中は、恋文でいっぱいになります。

　定位置を争っているライバルが公式試合中にエラーをしました。そのエラーでチームは負け、ライバルは監督から咎められ、たいそう落ち込んでいます。「チームのた

め」がモットーですから、自分も彼をかばい、激励しました。そこまではよいのですが、そこから先が問題です。自分はチームが負けたのに、なんとなくうれしいのです。ライバルの失策がうれしさの原因だと、承知できれば自分の内面に正直な人です。フォアザチームの建前上、その心情は恥ずかしいことと、強く意識する人は、ライバルの失策が自分の快感情の原因だとは、認められません。このような建前と本音の自己内部のことばのせめぎ合いが、葛藤です。葛藤が熾烈になってくると、心身に病的反応を表すようになります。本音部分を意識できる人は、壺中からことばを拾って、言語化することができます。これも内言語です。一方、建前論の方が強固な人は、大変意志の強い方ですから、論理を整然と述べるのが常でしょう。しかし本音部分は、ライバルのミスを喜ぶ自分は許せませんし、彼が皆から慰められることへの嫉妬など、とても自分の中で容赦できるものではありません。葛藤は無い（と思っているだけ）のですから、ことばにはなりませんが、恥ずかしい自分や嫉妬している自分がいない訳ではありませんので、言語はあるのです。意識化されませんが、あるのです。これが、内言語という見えにくい壺中の正体です。

■ **発達障害児者には葛藤が生じない？**

　葛藤とは、自己の内部での建前と本音のせめぎ合いを言います。相反する価値などを同時に同じことばの中に認める、包括的抽象的概念能力を獲得していなければ、葛藤は生じ得ません。ですから、高度な言語レベルに達していなければ、葛藤はありません。内言語です。日本語は主語以下の文脈に曖昧な部分が多く、1つの単語にも反語の意味が込められて使われたりする、含みのある言語体系です。発達障害児者には、まずこの含みが理解できません。自身の本音が先行しますから、反応は快か不快の感情に二分されます。パニックを起こすのは、その典型例です。葛藤の結果の抑圧、爆裂がパニックなのではありません。ただし、超高機能者の場合は、言語（左脳）が優先し、高度な言語能力を保有していますから、理論は整然と正当性は筋道立てられます。それゆえ、容易に自説を曲げることはありません。しかし、場の空気が読めない、時において正しい自説を譲らなければならないという状況判断（右脳）が苦手ですから、通常の会社業務、特に対人関係、営業は無理があります。超高機能者においては、正しさにかけての論理的筋立ては頭抜けていますから、本人も周囲も障害の本質を認知することが難しく、よほど好ましい教育環境の中で育てられないかぎり、社会集団適応ははなはだ難しいといわざるを得ません。しかし、本人も周囲もそうした方向で絶えず努力することこそ、超高機能者が内言語獲得の世界に踏み込む道

標になるものと、私は考えます。

■意識の下層で暗躍する言語インパルス

　意志の強い論理的思考タイプの人には、意識閾下のことばは自覚されにくい、と述べましたが、どのような人にも発達障害でなければ、全くの無意識において言語インパルスは暗躍しています。これが内言語の厄介な特徴で、高度に抽象的な事柄を概念の元に集約してしまうことばというものの本質でもあります。

　催眠術のことは、読者の皆さんもよくご存じでしょう。催眠状態になると、普段の自分とは違った思考のもとに、ことばが発せられます。もちろん催眠中の被験者は、そのときの自分を正気だと思っています。催眠を解かれると、現実の自分に戻ります。今しがたの催眠時のことは、記憶にありません。催眠術にかからなくても、何かのきっかけで強い暗示にかかったりすると、人はだれしも極端な、妙な行動に走ります。しかし、本人はいたって真面目です。正気だと思っています。それが何らかのきっかけで、暗示が解かれると、あのときの自分はなんと愚かだったのでしょうと、自省します。今、暗示から解かれると書きましたが、解かれるという言い方は正しくないそうで、常に新しい暗示にかかる（かける）、と考えるのが正解だそうです。

　夢遊病という症状についてご存じの読者もおられるでしょう。夜睡眠中に起き上がって実際に行動し、再びベッドに戻りますが、朝の起床後は、夜中行動のことを覚えていません。イタリアオペラに「夢遊病の女」という作品があります。アミーナは就寝後起き上がり、毎夜初老の伯爵のベッドを訪れます。朝までに自分のベッドに戻りますが、起床後は年格好の若いフィアンセとの時間を過ごします。彼女は夢遊中の伯爵とのことは覚えていませんが、行動したのは事実ですから、彼にはそのことがバレてしまいます。アミーナが夢遊病という病だったことがわかり、フィアンセは彼女を許して、ハッピーエンドで終わりますが、高音域のソプラノ音が連続して歌われるアミーナの独唱場面は、声楽科の音大生がコロロのダイナミックリズム会場で歌うこともある名曲です。オペラ以前には、芝居としての台本があり、それによると、この劇作は夢遊病の発生機序について、とてもよくわかるように構成されているそうです。しかし、常に常識的な解釈に疑問符を付けて考える癖のある私には、夢遊中のアミーナとうつつの彼女と、どちらが本当のアミーナであるのか、にわかには断じられないと考えてしまいます。うつつの方こそ、暗示にかけられているのではあるまいか？と。

　私たちは、夢をよく見ます。夢というのも、内言語の所産ではないか、私は考え

います。多くの場合、夢のストーリーは覚えていないのがふつうです。目覚めた直後ですと、ある程度覚えていられることもありますが。よっぽど印象の強烈な夢だと、記憶に留めようと努力するのではありませんか？　発達障害児の場合、夢を見ることは、少ないのではないだろうか、と私は考えています。睡眠中に映像を見ることはあるかもしれません。しかし映像だけで、言語化ができないと記憶には残りません。無発語の幼児が、昼寝から目覚めた際に、大泣きすることはよくあります。夢中に見ていた映像と、覚醒後の現実があまりにも乖離しすぎていることの、格差反応かも、と思う場面がなくはありません。しかし夢の本質は、意識閾下で暗躍する言語インパルスの正体ではないか、と私は考えます。

■神谷たえさんのこと

　ミュージカルの舞台女優神谷たえさんは、幼児期の早く広汎性発達障害と診断を受け、杉並の幼児教室に通っていました。決して高機能ではなく、外見の愛らしさに比し、問題行動の花盛りでした。幼児期の行動障害花盛り期を、コロロで百花繚乱期と命名したのは、当時のたえさんらの行動があまりにも、凄まじかったからでした。具体的行動例は省きますが、想像なさってください。その彼女が舞台上で美しく情感豊かに歌えるようになったのは、おもに歌とピアノの先生であり、舞台の作・演出も手掛ける女性の、彼女に対する愛情と厳しいレッスンを措いて他には考えられません。お母さまも療育熱心ですし、3つ年上のお姉さんが相当厳しく、世話をやいてきました。そうしたご家庭の好条件もありましたし、コロロメソッドを信望してくださったご家族や周囲の方々の理解があってこそ、今日のたえさんが存在するということは、確かであります。

　しかしその上でなおかつ、高機能レベルを超え内言語域にさしかかっている、と私が自信をもって彼女を評価診断できるのは、舞台女優としての修練が、内言語域へと彼女を進展せしめた最大要因に違いない、と見えるからなのです。音程の上に台詞を載せるのは、文字が読めて言え、絶対音感のような体質をもち合わせていると、比較的容易なのです。しかし、台詞だけというのは、たいそう難しい。アクセントを正しく、抑揚を付けて、お腹の底から声を出さなければいけない舞台俳優特有の発声法を獲得することは、発達障害児者にとって、難関中の難関であるのです。周囲の方々の熱意と理解度が条件なら、神谷さんレベルの環境に置かれている方は、少なくはありません。しかしそれだけで、内言語域に到達できるほど、言語認知障害（発達障害の基本障害）克服への道は甘くはありません。つまり漢字を交えた日本語を、声を出し

て読む。書いて覚える、記憶し暗誦する。その上に感情を乗せる。そのような試みを、毎日続けられて来たことが、最大要因と考えずにはいられません。

　コロロ発達療育センターの創立30周年を記念して、過日たえさんに出演していただきました。コンサート当日のリハーサル風景を、私も客席から覗かせていただきました。厳しい監督先生の叱責の中、練習とはいえ彼女の歌と演技は真に迫っていました。その舞台稽古の合間のことです。マイクの前で、少し時間が空きました。すると「あたしは宇宙人だから、人の気持ちがわからないのよ」というつぶやきが、マイク音に乗って響いてしまいました。舞台本番上の神谷たえさんの演技からは、想像もつかない1コマでした。3つ年上のお姉さんから家で、かなりこっぴどく言われているので、ついつい空白時間に、こぼれ出してしまったのだろう、とすぐに私は察しました。優しいだけではない姉妹の関係が、たえさんによい方向での緊張をもたらしている、とも感じました。

　たえさんは、東京杉並区の幼児教室にOB会員として、週1日実習参加しています。舞台台本はシナリオがあり、その通りにこなしていかなくてはなりません。幼児教室は、基本的カリキュラムはありますが、毎週通って来る幼児さんの顔ぶれも変わりますし、パターン壊しのためのプログラムも取り入れています。ですからシナリオを覚えてその通りやればよい、というワケにはいきません。臨機応変に対応しなくてはなりません。これが、彼女の毎日の行動パターンの改善に、一役かっているだろうとスタッフは自負しています。幼児教室の行事にお月見会というのがあります。その日だけは生徒は夕方に通園して来ます。彼女にそのことを伝え損ねていました。スタッフのミスです。朝通室して来たたえさんに、伝えてなかったことをお詫びして、夕方まで待っていることはできますか？　と尋ねました。「夕方からお母さんとお芝居を見にいくことになっているので、無理です」と彼女ははっきり答えました。それでは、午前中お月見会の準備を手伝ってください、とお願いしたら、嫌な顔も見せず、彼女は雑用に応じてくれました。予定変更の利かない高機能者の、お手本にしたいではありませんか！　そのお願いをした少し後、たえさんは私の所にやってきて「お月見会に残った方がいいですか？」と訊いてきたのです。「いいえ、いいえ。お芝居見物を今から変更しては、お母さんが怒ってしまいます。たえさんはお芝居に行かなくてはなりません。でも、たえさんのその気持ちはとてもうれしいです。お月見会準備への協力もとてもありがたいです」と私は答えました。彼女はお月見会なら、秋の歌を2、3曲子どもたちに披露したい、と考えたようでした。

　つい先日はこんな会話もありました。朝一番で私の所へやってきて「今日はわたし

の誕生日です」すかさず「いくつになられたの？」と聞き返しました。「30歳です」言われて私はハッとしました。レディに年を聴くなんて！　発達障害の人が30歳を過ぎると、老化現象の見られる方も少なくありません。成人施設を運営している偽らざる実感です。女性ですと、発達障害がなくてもお肌の曲がり角にさしかかるのは、否みようがありません。まだまだ若々しく初々しい彼女を見て、20代そこそこと思っていたのですが、コロロ創立期に幼児さんだったのですから、30周年記念式典にも出演してくださったことですし、何をかいわんや、でした。幼児教室に在籍していたたえさんを、一昨日のことのように思い込んでいた私が愚かでした。今なぜこのような女性に関する微妙な会話やりとりを披露したかというと、彼女は間違いなく内言語の入口に立っている、ということを読者諸氏に示す絶好の資料だと思えたからです。

おわりに

「原野に線路を敷きコトバという列車を走らせる」

1993年に出版された『「自閉」を超えて（下）』（石井聖、学苑社）には、ことばの概念学習の道筋が既に示されています。『新発語プログラム①―無発語から発語までの31ステップ』（石井聖、学苑社、2014年）が、原野に線路を敷く作業であるならば、その続編である本書『新発語プログラム②―発語してから会話・概念獲得への32〜60ステップ』は、その線路にコトバの列車を走らせるための作業であるといえます。人が生まれてから5歳くらいまでの間に、いつの間にか当たり前に獲得していくことばというものを、人工的に獲得させていく道のりでもあり、進化への挑戦であると言っても過言ではないでしょう。

今回、本書の執筆に携わり、共同執筆者ということで名を連ねていることを、私は正直おこがましい気がしています。この発語プログラムについて、私が自分で生み出したことは何ひとつないからです。大学時代に研究室で自閉症児と出会い、もっと本人や家族の困難に寄り添った、専門的な療育をすることを志して入社したコロロETセンター（現コロロ発達療育センター）で最初に携わった仕事が、日々の学習指導と、本書でも引用されている学習マニュアル『自閉症児のことばの学習―話せるようになってからの概念学習』（コロロ発達療育センター、1998年）の編集作業でした。このころにはすでに「ことばが出た子」への概念学習プログラムは、はっきりと確立していたのです。その後、多くの無発語自閉症児が学習により発語し、コミュニケーションと自己コントロールのためのことばを獲得していく姿を目の当たりにしてきました。

「小さいハル、地下鉄のマーク見て、目をぎゅーってつぶったね。いやだったね。」高校3年になったハル君の最近の発言です。幼児期のハル君は、無発語でマイペース、こだわりも強くパニック頻発。教室のロールカーテンの模様を怖がりのけぞって人泣きし、市営地下鉄のマークが見えると大騒ぎし、強い偏食でほとんどご飯も食べられず、いったい将来どうなってしまうのだろう？と心配になるような子どもでした。コロロメソッドによる歩行や行動トレーニング、学習を重ね、言語概念力が上がってきた今、過去の記憶（映像）をそんな風に言語化できるようになったのです。

彼のことばはこれからも深化していくのでしょうか。お母さんにはまだまだ療育の手を緩めずにいてほしいと思います。

　コロロの各地の教室での週1回の学習指導では、個別の学習プログラムを立て、進行状況をチェックし、時間内にステップアップや課題の修正を行ない、家庭への宿題を出します。親が家庭で実践し、定着させ、翌週また課題のチェックとステップアップを行なうというシステムです。一人ひとり、子どもの障害特性も親子関係も異なる中、学習を継続させ深化させていく原動力は、「わが子の声を聴きたい」「会話をしたい」「生きる力につながる言語概念力をつけたい」という、親の強い思いにほかなりません。忠実に課題をこなし、悪戦苦闘し、教材を工夫し、繰り返し、定着させてくる、実践者である親の力です。話せるようになってからの学習量は、本書に示した通り気が遠くなるように膨大で、壁にぶつかることもある長い道のりです。かつて、この時期の学習を特集した講演会で、石井先生は「こんな面倒くさいことは、親か、入社したてのがむしゃらな新人スタッフでなくてはできない」とおっしゃいましたが、本当にその通りだと思います。困難や迷いの中でもあきらめず子どもと対峙する親の姿には、時にその気迫に圧倒されつつ、こちらの専門家としての気概を試されているように感じさせられ、時に私は自分の子にここまでできるだろうかと、親としての構えを教えられているようにも思えました。

　本書に記載した内容は、概念学習プログラムを軸にして、こうした親の情熱と実践力によって生み出され、蓄積されたものであることを知っていただきたいと思います。そして、そうした蓄積である本書が、今現在、療育の長い道のりの中で途方に暮れている親子にとって、その行き先を示す羅針盤となれたなら幸いです。

　最後になりますが、日々の療育の忙しさを理由になかなか進まない原稿執筆を温かく見守り、時に激励してくださいました、学苑社の杉本哲也社長に心より感謝申し上げます。

2016年12月
羽生裕子

全国の教室

初回の療育相談は無料です。
お近くの教室へお問い合わせ下さい。

郡山教室
〒963-8811
福島県郡山市方八町1-2-19
TEL：024-956-0325 (金〜土)
FAX：024-956-0379
Mail：koriyama@kololo.jp
※不在時は杉並教室へ

神戸教室
〒658-0052
兵庫県神戸市東灘区住吉東町4-2-12
ヴィレッジリバー住吉101
TEL：078-856-8585 (火〜土)
FAX：078-856-6265
Mail：kobe@kololo.jp

熊本教室
〒862-0903
熊本県熊本市東区若葉3-15-16 1F
TEL：096-206-9670 (火〜土)
FAX：096-206-9671
Mail：kumamoto@kololo.jp

※コロロメソッドを実践する療育機関
コロロメソッド発達療育支援センター
〒902-0061
沖縄県那覇市古島2-4-11
TEL：098-887-1503 (火〜土17:00〜20:00)
FAX：098-887-0801
Mail：ryukyu@kololo.jp

松山教室
〒790-0952
愛媛県松山市朝生田町1-10-3
TEL：089-961-1184 (火〜土)
FAX：089-961-1186
Mail：matsuyama@kololo.jp

2017年1月　現在

関係機関

杉並教室・本部
〒167-0042
東京都杉並区西荻北3-33-9
TEL：03-3399-0510 (火〜土)
FAX：03-5310-4886
Mail：shinki@kololo.jp

国分寺教室
[事務局]
東京都国分寺市東戸倉2-10-34
TEL：042-324-8355
FAX：042-322-9496
メール：k-kokubunji@kololo.jp

横浜教室
〒225-0013
神奈川県横浜市青葉区荏田町232-7アゼリア205
TEL：045-910-1106 (火〜金)
FAX：045-910-1206
Mail：yokohama@kololo.jp

名古屋教室
〒458-0847
名古屋市緑区浦里5-329.1F
TEL：052-626-8372 (木〜土)
FAX：052-626-8373
Mail：nagoya@kololo.jp
※不在時は杉並教室へ

※各教室、療育時間中は電話がつながりにくい場合がございます。
留守番電話にご連絡先を残していただければ折り返しお電話致します。

社会福祉法人 コロロ学舎

指定障害者支援施設
瑞学園
（東京都瑞穂郡瑞穂町箱根ヶ崎940）
コロロメソッドを行なうことばの教室スウィング
TEL：042-568-0966
FAX：042-568-0967
メール：mizuki@kololo.or.jp

指定障害者支援施設
五乃神学園
（東京都羽村市五乃神345）
TEL：042-847-3455
FAX：042-847-3450
メール：gonokami@kololo.or.jp

コロロ学舎は、コロロ発達療育センター設立から20余年が過ぎ、親の高齢化を見据えた「成人のためのコロロメソッド実践機関をぜひ」という保護者の方からの声に応え誕生しました。これにより、幼児期から成人期までの発達障害児者に対するトータルケアとしての実践モデルが整いました。

ゆめと探究心を広げるえんそく幼稚園
こうろ子ども探検隊
KOLOLO Kodomo Tankentai

幼児期の子供の夢と探究心を満たす、通称「遠足幼稚園」です。健常児9：障害児1の割合で統合保育を行なっています。問い合わせは国分寺教室へ。

著者紹介

石井　聖（いしい　ひじり）

【経歴】
1940年　東京生まれ。慶應義塾大学文学部および法学部卒業
1965年　立川市役所福祉事務所勤務
1974年　知的障害者福祉司となる
1979年　立川市ドリーム学園園長
　　　　（財）日本知的障害者愛護協会認定治療教育士一級
1983年　小露路治療教育研究所設立（コロロ発達療育センター前身）
1998年　社会福祉法人コロロ学舎設立　理事長就任

【著書】
『「自閉」を超えて（上・下）』『「自閉」を活かす』『自閉症児の発語プログラム』『自閉症児のためのことば教室　新発語プログラム①』（いずれも学苑社）

【コロロ発達療育センターの出版物】
『自閉症児のことばの学習』
『発達に心配のある子がすぐに座れる！まねる！ことばが育つあそびうた　DVD付き』
・練習帳シリーズ
　『ことばの練習帳－めいろ・線つなぎ』
　『ことばの練習帳－なまえのことば』
　『ことばの練習帳－うごきのことば』
　『ことばの練習帳－しつもん文』
　『ことばの練習帳－季節のもんだい』
　『ことばの練習帳－形容詞』
　『かずの練習帳－数列・○かぞえ・○かき・指と数』
・自閉症児のためのコミュニケーションワーク
　『分類学習』『物の用途・場所と目的・人と職業』『いつ・どこ・だれ』
・カード教材
　『マッチングカード』『なまえのことばカード』『うごきのことばカード』『季節のことばカード』
機関誌『発達プログラム』

羽生裕子（はにゅう　ひろこ）

【経歴】
1975年　福井県生まれ
1997年　筑波大学第2学群人間学類卒業
1997年　小露路治療教育研究所（コロロETセンター　現（株）コロロ発達療育センター）に入社
2013年　社会福祉法人コロロ学舎に転籍
現　在　児童支援部および出版事業部部長

装丁：有泉武己
イラスト：伊東佳子

自閉症児のためのことばの教室
新発語プログラム②
──発語してから会話・概念獲得への32〜60ステップ　　　　©2017

2017年2月15日　初版第1刷発行

　　　著　者　　石井　聖
　　　　　　　　羽生裕子
　　　発行者　　杉本哲也
　　　発行所　　株式会社　学 苑 社
　　　　東京都千代田区富士見2-10-2
　　　　　電話(代)　03（3263）3817
　　　　　fax.　　　03（3263）2410
　　　　　振替　　　00100-7-177379
　　　　　印刷　　　藤原印刷株式会社
　　　　　製本　　　株式会社難波製本

検印省略　　　　　　乱丁落丁はお取り替えいたします。
　　　　　　　　　　定価はカバーに表示してあります。

ISBN978-4-7614-0787-2　C3037

新発語プログラム①
自閉症児のためのことばの教室
▼無発語から発語までの31ステップ

石井聖 著 ●B5判／本体2000円＋税

二千名のお子さんに対し、誰一人として排除しないという理念の下に療育を行なってきた実践の中で磨き抜かれたプログラム。

14歳からの発達障害サバイバルブック
▼発達障害者＆支援者として伝えたいこと

難波寿和 著　高橋稚加江 イラスト ●A5判／本体1800円＋税

当事者であり臨床発達心理士でもある著者が、7カテゴリー・74項目について、イラストを交えながら、一問一答形式で解説。

家族の体験記から学ぶ 発達障がい ABAファーストブック
行動・教育コンサルティング[BEC]編　上村裕章・吉野智富美 著 ●A5判／本体1800円＋税

体験記と連動したABAの解説とサポートツールは、問題解決の糸口に結びつく手段を得ることができる。

自閉症児のための明るい療育相談室
▼親と教師のための楽しいABA講座

奥田健次・小林重雄 著 ●A5判／本体2500円＋税

行動の原理に基づいた教育方法をQ＆A方式で紹介。具体的な技法や理論・経験によって裏打ちされたアイデアが満載。

障がいのある子との遊びサポートブック
▼達人の技から学ぶ楽しいコミュニケーション

藤野博 編著　奥田健次・藤本禮子・太田一貴・林琦慧 著 ●B5判／本体2000円＋税

発達に遅れのある子どものコミュニケーションやことばの力を、遊びの中で伸ばすための考え方や具体的な遊び方を紹介。

人間関係形成プログラム
6つの領域から支援する自閉症スペクトラムのある子どもの
▼自分らしく生きていくために

渡部匡隆・岡村章司 編著　PDDプロジェクト 著 ●B5判／本体2000円＋税

自己決定力やアイデンティティの形成の基礎となる人間関係力を身につけるためのプログラム。

自閉症スペクトラム SSTスタートブック
▼チームで進める社会性とコミュニケーションの支援

藤野博 編著　伴光明・森脇愛子 著 ●B5判／本体2000円＋税

指導場面の作り方から指導内容の組み立て方までをセットにしたSST初心者にとって最適な1冊。

発達支援実践講座
実践家（教師・保育者・支援者）へのメッセージ
▼支援ハウツーの編み出し方

木村順 著 ●四六判／本体1500円＋税

ハウツー本には書かれていない指導法を編み出す視点が解説されている。実践力アップまちがいなしの白熱講座！

プログラム学習で学ぶ行動分析学ワークブック
吉野智富美・吉野俊彦 著 ●B5判／本体2500円＋税

エクササイズやドリル形式のプログラム学習を盛り込み、学習の定着具合を確認しながら行動分析学を学ぶことができる。

いじめられっ子の流儀
▼知恵を使ったいじめっ子への対処法

ケイト・コーエン・ポージー 著　奥田健次 監訳　冬崎友理 訳 ●四六判／本体1600円＋税

知恵と機転でいじめっ子をひねり返す技を伝授。さまざまなテクニックを駆使し、意地悪の連鎖を断ち切る。

〒102-0071 東京都千代田区富士見2-10-2　**学苑社**　TEL 03-3263-3817　FAX 03-3263-2410
http://www.gakuensha.co.jp/　info@gakuensha.co.jp